I Drag

In copertina: Goya, *I Disastri della Guerra (37)*, 1812-1815.

Revisione redazionale per la lingua araba a cura di Maurizio Bagatin.

© 2004 Lindau s.r.l.
Via Bernardino Galliari 15 bis - 10125 Torino
tel. 011/669.39.10 - fax 011/669.39.29
http://www.lindau.it
e-mail: lindau@lindau.it

Prima edizione
ISBN 88-7180-514-3

Laurence R. Iannaccone
Massimo Introvigne

IL MERCATO DEI MARTIRI

L'industria del terrorismo suicida

Introduzione

Del terrorismo suicida si sono finora occupati soprattutto gli esperti di terrorismo in generale, e qualche volta gli storici dell'islam. Gli accostamenti specificamente sociologici sono più rari, benché entrambi gli autori di questo volume (Iannaccone 1997, 1999; Introvigne 2004) abbiamo già presentato qualche primo risultato di ricerca.

Questo studio si pone dal punto di vista della teoria dell'economia religiosa, che ha le sue origini nell'opera di Rodney Stark e cui gli autori hanno dato a loro volta diversi contributi. La teoria cammina, per così dire, su tre gambe: si potrebbe parlare anche di un veicolo a tre ruote, se l'immagine del triciclo non fosse stata almeno in Italia confiscata dalla politica, come del resto è avvenuto per molte altre immagini.

La prima ruota è la rivendicazione del ruolo della religione nella spiegazione dei comportamenti che si presentano *prima facie* come religiosi. Non si tratta di una semplice tautologia. Siamo ancora tutti un po' influenzati dal marxismo (qualunque siano le nostre opinioni politiche), nel senso che quando qualcuno compie gesti fuori del comune – o anche estremi, come il terrorismo suicida – e afferma che le sue motivazioni sono religiose, siamo subito spinti a chiederci «che cosa c'è sotto», o quale «struttura» economica o politica sia mascherata dalla «sovrastruttura» religiosa. La teoria afferma invece che – certo insieme ad altre concause – nell'interpretazione dei comportamenti che si presentano come religiosi le cause religiose sono di primaria importanza. Non vi è nessuna ragione di considerare le affermazioni di chi compie questi atti e li presenta come motivati dalla religione semplicemente come un cumulo di menzogne o come espressione di una qualche «falsa coscienza».

La seconda ruota su cui la teoria si muove – esposta al pubblico di lingua italiana, insieme alla prima, nel volume di Rodney Stark e Massimo Introvigne *Dio è tornato* (2003) – consiste nella tesi secondo cui i processi di modernizzazione non sono affatto incompatibili con una continua e vigorosa presenza sia di credenze, sia di pratiche religiose. Il caso degli Stati Uniti – un paese dove fin dal XIX secolo un processo di modernizzazione rapidissimo si accompagna a una presenza quantitativa della religione assai più rilevante di quella europea – ha da sempre messo in crisi le teorie classiche della secolarizzazione. A queste la teoria dell'economia religiosa propone di sostituire un «nuovo paradigma» fondato sull'uso della *metafora* del mercato. La vita delle istituzioni religiose è analizzata, con gli strumenti che derivano dalla teoria economica, come un mercato di beni simbolici in cui competono diverse aziende religiose, la cui offerta incontra una domanda religiosa a sua volta distribuita in diverse nicchie di consumatori religiosi. Naturalmente, la metafora ha i suoi limiti, e del resto la sociologia non si occupa che del «lato umano della religione» (Stark e Finke 2000), lasciando volentieri il lato più che umano ai teologi. La teoria postula che – anche nel lungo periodo – la domanda religiosa *tende a rimanere costante*, e che per spiegare le variazioni delle statistiche religiose occorre dunque porsi *dal lato dell'offerta*.

Ci sono infatti notevoli variazioni nella *pratica* religiosa tra un paese e l'altro, cui non si accompagnano peraltro variazioni altrettanto importanti nel numero di coloro che si dichiarano religiosi o credenti, a conferma che non è la domanda a mutare. Negli Stati Uniti il numero di coloro che frequentano regolarmente i luoghi di culto (circa il 40%) è il doppio di quello dell'Unione Europea; in Italia la stessa cifra è tre volte superiore a quella della Francia (Davie 2002); e così via. Se queste discrepanze non derivano dalla domanda, devono derivare *dall'offerta*, e dalle modalità con cui l'offerta incontra la domanda: un contesto in cui è fondamentale il ruolo degli Stati e dei loro atteggiamenti e normative sulla religione.

Senza trascurare altri elementi relativi, per esempio, alla qualità dell'offerta religiosa nei vari paesi, la teoria sostiene che – come per ogni altro mercato di beni materiali o simbolici, e contrariamente a quanto pensano alcuni teorici della secolarizzazione – anche per la religione (istituzionale) *la concorrenza fa bene al mercato e, entro certi limiti, l'offerta alimenta la domanda*. I paesi con un più ampio pluralismo religioso – cioè con la maggiore concorrenza fra imprese religiose – come gli Stati Uniti, o quelli dove l'ingresso di nuove imprese particolarmente attive crea un improvviso aumento della concorrenza (come l'America Latina dopo la cosiddetta esplosione protestante, che ha stimolato una vigorosa risposta cattolica), sono anche i paesi dove il numero totale di praticanti religiosi si mantiene stabile o cresce. Dove invece lo Stato ostacola il pluralismo religioso, opponendosi in particolare all'ingresso sul mercato di nuove imprese, bollate come «sette» o come nemiche dell'identità nazionale, lì – come avviene in Francia e in Russia – il numero di praticanti religiosi in genere decresce in modo spettacolare.

Si deve anche precisare che non si tratta solo di concorrenza *tra* religioni. Almeno due religioni – il cattolicesimo e l'islam – sono così grandi (ciascuna conta più di un miliardo di fedeli) da avere sviluppato anche quel fenomeno che gli economisti chiamano concorrenza *intrabrand*. La possibilità di scegliere fra innumerevoli varianti del cattolicesimo in Italia (secondo processi di differenziazione che i sociologi della religione italiani hanno notato da decenni) o dell'islam in Indonesia o in Egitto crea una concorrenza che, *mutatis mutandis*, ha gli stessi effetti positivi della concorrenza *interbrand* fra religioni diverse, e spiega la buona tenuta della religione istituzionale in questi paesi. La terza ruota che spinge avanti la teoria dell'economia religiosa – presentata al pubblico italiano da uno degli autori, Massimo Introvigne, in *Fondamentalismi* (2004) – è la tesi secondo cui nel mercato religioso moderno non tutte le religioni hanno la stessa probabilità di avere successo. La *domanda* religiosa si distribuisce in nicchie che radunano gruppi di consumatori secondo le caratteristiche sociali e demografiche, ma anche secondo i gusti e le preferenze. Queste nicchie possono essere distinte secondo il loro grado di *strictness* (un concetto, a sua volta, particolarmente sviluppato da Iannaccone), cioè di tensione rispetto ai valori e agli stili di vita (in genere meno rigorosi di quelli proposti dalle religioni sul piano morale e dell'impegno) prevalenti nella società circostante. Semplificando schemi più complessi, *Fondamentalismi* distingue cinque nicchie, dalla più alla meno *strict*: ultra-fondamentalista, fondamentalista, conservatrice, progressista e ultra-progressista.

Una delle scoperte cruciali della teoria dell'economia religiosa è che queste nicchie – che, come la domanda, tendono a rimanere relativamente costanti nel tempo – non sono di uguale dimensione. Le nicchie progressista e ultra-progressista sono piuttosto piccole, perché patiscono la concorrenza di chi propone gli stessi valori e stili di vita in una prospettiva non religiosa. Le nicchie ultra-fondamentalista e fondamentalista *in circostanze normali* sono più grandi di quelle ultra-progressista e progressista, ma più piccole della nicchia centrale conservatrice, in cui si situa la maggioranza dei consumatori religiosi. Inoltre, mentre i consumatori si spostano raramente da una nicchia all'altra, le organizzazioni religiose lo fanno: lentamente, ma quotidianamente. Molte organizzazioni nate come ultra-fondamentaliste convergono verso il centro, e diventano nel giro di qualche generazione semplicemente conservatrici (alla prossima generazione potranno anche diventare progressiste: in tal caso, cominceranno a perdere membri).

Che le organizzazioni (relativamente) più *strict*, che chiedono maggiori impegni e sacrifici, prosperino più di quelle meno «costose» per i consumatori religiosi può sembrare sorprendente, ma è spiegato dalla teoria dell'economia religiosa con riferimento al concetto di *free rider* (Olson 1965; Iannaccone 1992, 1994; Iannaccone, Olson e Stark 1995). Il *free rider* è chi «viaggia a sbafo»: sale sull'autobus ma non paga il biglietto, vuole ottenere i benefici di un'impresa collettiva ma non vuole pagarne i costi. Un'organizzazione può tollerare alcuni *free rider*, ma non troppi. Nel campo delle religioni, le organizzazioni meno *strict* e rigorose, che impongono bassi costi di entrata e controllano in modo blando se i membri abbiano pagato il biglietto, cioè se si impegnino sufficientemente, imbarcano un numero così elevato di *free rider* da offrire ai loro fedeli un'esperienza religiosa annacquata e poco soddisfacente, oltre a incontrare i problemi – spesso fatali – che tormentano tutte le imprese che hanno un tasso di *free rider* troppo alto. Le organizzazioni più rigorose fanno pagare un biglietto più costoso, e controllano che tutti lo paghino: dunque lasciano entrare meno *free rider*, e i beni simbolici prodotti da un gruppo dove i *free rider* non abbondano si presentano in genere come più soddisfacenti per i consumatori.

Naturalmente, il biglietto non deve essere *troppo* caro. La nicchia ultra-fondamentalista è relativamente piccola, perché le persone disposte a pagare prezzi altissimi per un'esperienza religiosa molto intensa sono poche. Ma il fatto che siano poche non vuol dire che non esistano. Lo studio dell'estremismo religioso, e anche di una sua frangia estrema come quella del terrorismo suicida, esamina precisamente la presenza di una piccola nicchia di *domanda di esperienze religiose estreme*, e studia come questa domanda incontri una specifica *offerta di estremismo* che, nel caso che ci occupa, si configura come proposta di entrare a far parte di un'organizzazione terroristica.

È necessario, pertanto, distinguere rigorosamente due diversi aspetti del problema. Da una parte, occorre spiegare che cosa spinge *i singoli terroristi* suicidi ad arruolarsi nelle fila delle organizzazioni ultra-fondamentaliste. Dall'altra, ci si deve chiedere come funzionano *le organizzazioni*, e perché in certi contesti – *ma non in altri* – decidono di ricorrere al terrorismo suicida. Confondere gli scopi dei singoli e gli scopi delle organizzazioni è frequente, ma sbagliato: significa confondere il piano della domanda con quello dell'offerta di estremismo religioso. Molte teorie si concentrano solo sull'uno o sull'altro aspetto, mentre si tratta piuttosto di considerarli entrambi.

Scopo di questo studio è appunto quello di considerare il fenomeno dell'estremismo – e in particolare del terrorismo – religioso sia dal punto di vista della domanda, sia da quello dell'offerta. Nel primo capitolo ci occupiamo della *domanda* di estremismo: dunque dei *singoli*, partendo dal corpus di ricerche esistenti sull'estremismo religioso per interpretare il caso eccezionale dell'estremismo violento e suicida. Il secondo capitolo riguarda invece le *organizzazioni* estremiste. A questo si riferisce il nostro titolo a proposito del «mercato dei martiri»: un modello economico che ci aiuta a capire perché, quando e dove l'estremismo diventa violento, come si mantiene in vita, perché è difficile sconfiggerlo, e anche perché si manifesta relativamente di rado. Come vedremo, questo mercato funziona secondo princìpi economici noti. Ma non assomiglia ai modelli economici più comuni del crimine (Becker 1971; Becker e Landes 1974), del suicidio (Hamermesh e Soss 1974) o della guerra. Ci saranno invece più utili modelli economici relativi specificamente alla religione. Nel terzo capitolo – senza pensare assolutamente che i sociologi delle religioni siano in possesso di soluzioni «magiche» per problemi estremamente complessi – discutiamo alcune implicazioni delle nostre conclusioni per le strategie della lotta contro il terrorismo.

IL MERCATO DEI MARTIRI

Capitolo 1

La domanda di estremismo religioso

Perché lo fanno?

Gli attacchi terroristici dell'11 settembre 2001 e dell'11 marzo 2004 hanno lasciato gli studiosi, i giornalisti e l'opinione pubblica sgomenti. Come dare un senso al terrorismo suicida? In questo studio sosteniamo che le spiegazioni più ovvie sono anche le più sbagliate. Contrariamente alle prime affermazioni dei giornalisti e dei politici, il tipico terrorista suicida non è né povero né ignorante; non è mai stato ricoverato in un ospedale psichiatrico né ha tentato il suicidio; non è particolarmente aggressivo né disperato; e non ha alcuna speciale ragione per odiare le sue vittime. Dopo l'11 settembre molti americani si sono chiesti: «Perché ci odiano?» (Ford 2001). In Europa si è spesso affermato che, dopo tutto, i terroristi avevano forse le loro ragioni per odiare gli Stati Uniti. Al contrario, può essere perfino più inquietante rilevare che i terroristi dell'11 settembre non avevano nessuna ragione personale per odiare il popolo e i dirigenti degli Stati Uniti. La maggioranza veniva dall'Arabia Saudita o da altri Stati della penisola arabica, dove il reddito medio è alto e il sentimento anti-americano rilevato dai sondaggi è molto meno virulento rispetto a paesi come la Palestina o il Pakistan, per non parlare della Francia. Un antiamericanismo estremo era socialmente diffuso – anche se probabilmente non maggioritario – in Germania dopo la prima e dopo la seconda guerra mondiale, e in Giappone dopo le bombe atomiche di Hiroshima e Nagasaki: ma non si è mai tradotto in terrorismo o in attentati suicidi. Pertanto, sapere dove c'è un tasso eccezionalmente alto di povertà, ignoranza, miseria, oppressione, odio non ci aiuterà a prevedere da dove verranno i prossimi terroristi suicidi.

Le scienze sociali hanno usato una grande varietà di metodi per cercare di spiegare questo modo assassino di morire. Curiosamente, la religione ha mantenuto in queste spiegazioni un ruolo piuttosto secondario. È difficile giustificare un uso così limitato della religione, dal momento che i terroristi, dal canto loro, si presentano come ossessionati da credenze, preoccupazioni e giustificazioni religiose. La riluttanza a parlare di religione ha almeno tre cause. Anzitutto, nel mondo delle scienze umane sono relativamente pochi a studiare la religione, e meno ancora a occuparsi in modo approfondito di estremismo religioso. In secondo luogo, teorie della secolarizzazione di sapore ottocentesco hanno fino ad anni recenti dominato in modo così profondo lo studio accademico delle religioni che l'inevitabilità di un declino religioso rimane per molti un articolo di fede. Il fatto che oggi si ripresentino fenomeni di risveglio e di entusiasmo religioso è ancora considerato da qualche sociologo un fenomeno aberrante, inspiegabile e transitorio (Stark e Introvigne 2003).

In terzo luogo, è diventato oggi così di moda – e politicamente corretto – criticare la cultura occidentale e le sue radici cristiane che, quando le stesse critiche sono riproposte da fondamentalisti islamici, molti hanno un'istintiva difficoltà a non condividerle e a non pensare, magari senza troppo dirlo, che questi fondamentalisti abbiano in qualche modo ragione. La stessa *vulgata* politicamente corretta ripete, per la verità oggi piuttosto stancamente, lo stereotipo secondo cui tutte le culture non cristiane sono vittime innocenti dell'imperialismo e del colonialismo occidentali. Si aggiunge un certo «buonismo» diffuso che rende pericoloso, per qualunque esponente politico, mettere in relazione la violenza e il terrorismo con una corrente dell'islam, quand'anche precisi (giustamente) che questa corrente – il fondamentalismo radicale – non rappresenta *tutto* l'islam. In ogni caso, qualunque analisi del terrorismo suicida che trascuri il fattore religioso è incompleta, inefficiente e fuorviante, anche perché – come vedremo – prescinderebbe da un imponente numero di studi che, sebbene ancora poco noti al grande pubblico, hanno trattato a fondo, con gli strumenti delle moderne scienze sociali, la questione

dell'estremismo religioso in relazione alle cosiddette
«sette».

L'estremismo religioso (cfr. Introvigne 2004) è un
fenomeno presente in tutte le religioni. Tuttavia, la
maggioranza degli estremisti religiosi – che si collocano
nella nicchia ultra-fondamentalista del mercato religioso – non è violenta e non fa danni all'ordine sociale.
Alcuni fanno perfino del bene. L'estremismo religioso,
o ultra-fondamentalismo, è normalmente definito come
quella forma di religione che adotta stili di vita molto
strict, cioè molto lontani da quelli diffusi presso la maggioranza dei cittadini in una data società. Si manifesta
in modi alternativi di nutrirsi, di avere rapporto con il
denaro (per esempio, scegliendo forme di povertà
volontaria), di occupare il tempo (dedicandone molto
di più di quanto sia considerato «normale» alla preghiera), di impostare i rapporti fra individuo e comunità (in molti casi vivendo in forma comunitaria), di
vivere la sessualità (dalla castità a forme di sperimenta-
zione sessuale), di considerare la privacy altrui (spesso
rispettata ben poco, anzi invasa con forme insistenti di
missione e di proselitismo). Il rapporto alternativo con
il tempo e con il denaro spinge anche un certo numero
di estremisti religiosi a consacrare una buona parte di
entrambi a opere di carità che, se da un lato appaiono
«esagerate» e stravaganti, dall'altro danno spesso il loro
contributo a risolvere problemi sociali molto reali. Nelle
società contemporanee il comportamento degli estremisti religiosi può essere considerato da molti fastidioso o

bizzarro – e non manca chi auspica sia definito illegale da leggi contro le «sette» – ma raramente implica forme di violenza, e l'omicidio è rarissimo.

Lezioni dalla sociologia dei nuovi movimenti religiosi

Qualche anno fa uno degli autori ha condotto uno studio sui terroristi suicidi di Hamās, intervistando dirigenti di organizzazioni fondamentaliste, funzionari di Polizia e di Governo israeliani e dei territori affidati all'Autorità Nazionale Palestinese (Introvigne 2003). Il risultato che ha più colpito i lettori, e lo stesso autore, della ricerca è la completa «normalità» dei candidati al terrorismo suicida. Non si tratta di disperati, di marginali, di squilibrati sporchi e mal vestiti, ma di persone spesso dotate di una buona cultura e di una buona posizione economica. La letteratura su al-Qā'ida e almeno alcuni profili di terroriste cecene (in Cecenia, infatti, quasi tutti i terroristi sono donne: Introvigne 2004) confermano la stessa impressione.

Quando – preparando questo volume – gli autori hanno cominciato a discutere tra loro questi dati, è emersa una netta impressione di déjà-vu. Dove avevamo già visto qualche cosa di simile? La risposta era obbligata: nelle fini tragiche di alcune cosiddette «sette», dai suicidi e omicidi dell'Ordine del Tempio Solare in Svizzera, Francia e Québec fra il 1994 e il 1997 fino agli attentati del movimento giapponese Aum

Shinri-kyo nella metropolitana di Tokyo nel 1995 e al suicidio collettivo di Heaven's Gate a Rancho Santa Fe, in California, nel 1997. Anche in quei casi i giornalisti e i politici avevano subito parlato di poveri disperati, marginali, psicopatici (Introvigne 2002b). Ma noi sapevamo che non era così. Come studiosi dediti da decenni alla cosiddetta «osservazione partecipante» dei nuovi movimenti religiosi, avevamo bevuto succhi di frutta in un albergo di Los Angeles con alcuni dei dirigenti di Heaven's Gate, discusso animatamente con esponenti di Aum Shinri-kyo nella loro elegante sede di New York vicina alla Fifth Avenue, assaggiato il pane sfornato artigianalmente in Canada dai membri dell'Ordine del Tempio Solare, alcuni dei quali erano già stati incontrati da uno degli autori nella loro vita sociale e professionale di Ginevra.

Contrariamente a quanto sostenuto da un buon numero di giornalisti, non ci eravamo mai trovati di fronte a zombie dallo sguardo fisso nel vuoto vagamente somiglianti al mostro di Frankenstein, ma a persone intelligenti, colte e capaci di difendere con abilità le loro idee certamente singolari. Dirigenti d'azienda, azionisti di riferimento di grandi imprese, avvocati, giornalisti, i membri di queste «sette del suicidio» erano persone assolutamente «normali», talora nello stesso tempo abili professionisti e uomini d'affari di giorno e dediti alla ossessiva preparazione di un suicidio di massa di notte. Proprio questa tranquilla, assoluta «normalità» era il loro tratto più inquietante.

Più in generale – e al di là dei casi spettacolari di suicidi e omicidi collettivi – decenni di studio delle cosiddette «sette» ci offrono numerosi esempi e categorie rilevanti per l'intero campo dell'estremismo religioso, e particolarmente delle forme che impongono alti costi ai loro membri. Naturalmente dal punto di vista religioso e morale c'è un abisso fra gli innocui Hare Krishna e i terroristi suicidi di Osama bin Laden. Tuttavia, i risultati di quelle che sono ormai intere biblioteche di studi sulle «sette» offrono elementi importanti per lo studio del terrorismo suicida.

Per tre decenni – negli anni 1960, '70 e '80 – i sociologi delle religioni di lingua inglese (molto meno quelli di altre lingue) hanno dedicato molte delle loro energie allo studio dei nuovi movimenti religiosi (cfr. Stark 1985, Bromley e Hammond 1987, Robbins 1988). La stessa espressione «nuovi movimenti religiosi» è stata coniata dai sociologi, desiderosi di evitare i giudizi di valore negativi ormai associati alla parola «sette». C'era una ragione specifica per occuparsi di questi movimenti. La loro presenza sembrava contraddire le teorie tradizionali della secolarizzazione, e anche le affermazioni sensazionali di alcuni teologi secondo cui Dio era «morto» (Cox 1966, Murchland 1967). C'era anche una ragione metodologica. I nuovi movimenti religiosi erano un soggetto ideale per studi sul campo: erano piccoli, la loro storia era breve, le loro pratiche originali, la loro evoluzione rapida. Erano anche un luogo dove incontrare con relativa facilità leader «carismatici», mettendo quindi alla prova sul campo – fra l'altro – le teorie sociologiche del carisma.

La terza ragione – forse la principale – per occuparsi di nuovi movimenti religiosi era che *facevano paura* alla gente. Ben prima del terrorismo suicida, costituivano il terreno ideale per studiare una forma di relazione conflittuale fra religione e società. La situazione negli Stati Uniti oggi è cambiata, ma lo stesso scenario si ripresenta in Europa, in Asia, in Africa, anche se i protagonisti talora non sono più gli stessi. Trent'anni fa il reverendo Moon (1920-) o Osho Rajneesh (1931-1990) avevano sulla stampa internazionale un ruolo di «cattivi» per eccellenza quasi altrettanto minaccioso di quello di Osama bin Laden. Oggi fanno meno paura, perché quasi a tutti è noto che si tratta di leader di piccoli movimenti, che non sono in crescita. Alcune idee delle «sette» degli anni 1970 e '80 sono state accettate da un'ampia percentuale della popolazione e sono entrate nella *popular culture* attraverso il New Age e i movimenti neopagani, ma anche tramite un buon numero di romanzi, canzoni, film, serie televisive, videogiochi, tesi politiche dei movimenti ecologisti, corsi universitari, inviti a rispettare la «diversità culturale» e critiche distruttive del cristianesimo da parte delle élite culturali.

Per altri versi la paura delle «sette» è ancora viva e vegeta in Europa, dove gli omicidi e i suicidi dell'Ordine del Tempio Solare hanno dato vita a uno scenario simile a quello che si era verificato negli Stati Uniti dopo il 18 novembre 1978. Quel giorno in Guyana il reverendo Jim Jones (1931-1978), fondatore del Tempio del Popolo, ordina ai suoi seguaci di uccidere un deputato degli Stati Uniti, organizzando quindi un suicidio-omicidio di massa in cui periscono 913 fedeli del suo movimento, compresi circa 300 bambini. Ci vuole qualche anno per rendersi conto che il marxismo era più importante della religione nell'ideologia di Jim Jones; ma lo stereotipo della «setta del suicidio» non è mai stato veramente dimenticato.

In una scala che non si è mai riprodotta in Europa, le «sette», nei venti anni dal 1965 al 1985, praticano negli Stati Uniti un proselitismo aggressivo per strada, negli aeroporti, nei centri commerciali. Persuadono giovani universitari a dedicarsi a tempo pieno a un'attività missionaria, gettando nel panico i loro genitori. I loro capi promuovono credenze, modi di vestirsi e alimentarsi unanimemente considerati «strani». I loro membri spesso vivono in comunità, dedicano al gruppo tutto il loro tempo e denaro e adottano uno stile di vita considerato dalla società particolarmente deviante. Le «sette» sono accusate di convertire i loro membri attraverso la manipolazione mentale e l'inganno; di finanziarsi tramite attività illegali; di attirare soprattutto personalità marginali o mentalmente instabili; di spingere i membri a una vita sessuale sregolata; e di usare la forza, le droghe o le minacce per impedire ai fedeli delusi di andarsene. Queste accuse ricorrono continuamente in libri, articoli di riviste e giornali, documentari televisivi, film. Alla fine degli anni 1970 le esagerazioni giornalistiche e la preoccupazione pubblica fanno nascere movimenti anti-sette, tentativi di legislazione anti-sette e sentenze anti-sette di alcuni giudici.

Il pubblico, i giornali, alcuni psicologi e psichiatri (ma pochissimi sociologi) – e anche qualche tribunale (non tutti) – accettano ampiamente l'idea che le «sette» possano «lavare il cervello» ai loro membri, rendendoli incapaci di scelte razionali, e in particolare della libera decisione di lasciare il gruppo. I genitori assumono investigatori privati e altri personaggi singolari che si incaricano di rapire i loro figli maggiorenni dalle sedi dei movimenti e di sottometterli per giorni alla cosiddetta «deprogrammazione», una pratica intesa a indurli – talora con metodi piuttosto maneschi – a lasciare il loro movimento religioso. Inizialmente, alcuni tribunali si schierano con i genitori, ritenendo che la «deprogrammazione» sia giustificata dall'incapacità dei membri delle «sette» di pensare e agire razionalmente (cfr. Anthony 1996; Anthony e Robbins 1992; Robbins 1985; Richardson 1991; Introvigne 2002a).

Anche se – con notevole ritardo culturale rispetto agli Stati Uniti – le stesse tesi dominano oggi molti media e ambienti politici europei, ora sappiamo che quasi tutta questa retorica anti-sette si fondava su errori, esagerazioni e vere e proprie menzogne. A differenza dei francesi o dei tedeschi, gli americani non sono più ossessionati da Scientology o dai Bambini di Dio (oggi chiamati The Family). Quello che rimane, facilmente consultabile e utilizzabile, è un ampio corpus di ricerca accademica che dimostra, al di là di ogni ragionevole dubbio, *con quanta facilità il pubblico, i giornalisti e gli uomini politici accettano l'irrazionalità come spiegazione di qualunque comportamento nuovo, «strano» e (realmente o apparentemente) pericoloso.*

Se esaminiamo le risposte che erano più popolari trenta o vent'anni fa alle domande sulle «sette», ci rendiamo conto di quanto assomiglino ai discorsi che sentiamo fare oggi sul terrorismo suicida. Proprio come oggi ci chiediamo quale persona «normale» potrebbe mai diventare militante di al-Qā'ida, così ci si domandava allora che razza di tipo umano potesse decidere di seguire gli Hare Krishna o gli «arancioni» di Rajneesh. Sono simili anche le risposte. Oggi come allora, le spiegazioni più diffuse fanno riferimento a:

– un disagio, reale o immaginario: rapporti ostili con i genitori, disoccupazione, delusioni nel lavoro, nei rapporti interpersonali, nella carriera;

– privazioni economiche: povertà, un mercato del lavoro ristretto, limitate possibilità di miglioramento sociale;

– disagio sociale: alienazione dalla famiglia e dagli amici, difficoltà di comunicare, di formarsi normali relazioni umane, di perseguire una carriera;

– limitazioni cognitive: mancanza di intelligenza, di educazione, di istruzione;

– psicopatologia: timore della società complessa, bisogno di autorità, paranoia, timori nevrotici, o più semplicemente malattie mentali.

Per i non addetti ai lavori, i movimenti in se stessi appaiono perfino più «strani» dei loro membri. Forse il loro carattere di novità potrebbe attirare «ricercatori spirituali», ma come spiegare il fatto che molti rimangono? Attraverso quali processi le «sette» trasformano visitatori casuali in devoti fanatici? Perché così pochi se ne vanno? Perché i membri delle «sette» rimangono fieramente leali ai loro movimenti, nonostante i sacrifici che devono fare e gli abusi che devono sopportare? Queste consuete domande riposavano in gran parte su premesse fattuali sbagliate: in realtà ai nuovi movimenti religiosi si convertivano in pochi, ancora meno rimanevano, e molti se ne andavano. Una volta impostate così – ma in modo, appunto, errato – le domande, le altrettanto abituali risposte si riferivano a:

– pressione sociale, inganno, manipolazione mentale: le «sette» – si affermava – utilizzano speciali tecniche sociali e psicologiche che distorcono le credenze, gli atteggiamenti e le percezioni dei membri;

– dissonanza cognitiva: una volta che hanno adottato un modo di vivere deviante, marginale e costoso, i membri sono riluttanti ad ammettere, anche solo di fronte a se stessi, di avere sbagliato;

– dipendenza: avendo abbandonato il mondo (cioè il proprio denaro, carriera, amici e famiglia), i membri non sanno più dove andare;

– odio: i membri sono stati indottrinati a odiare il mondo secolare, a non fidarsi dei loro precedenti amici e a temere le loro famiglie;

– auto-inganno: gli «adepti» si rifiutano di vedere la realtà e sperano che presto o tardi anche dottrine che sembrano false si riveleranno vere;

– sesso e droga e altri elementi esotici o illegali della controcultura degli anni 1960, popolari presso i giovani e usati dalle «sette» (sempre secondo i critici) come strumenti per controllarli;

– desiderio di essere riconosciuti e premiati, sia all'interno del gruppo (un'aspirazione asseritamente manipolata dai capi dei movimenti), sia dopo la morte in Paradiso;

– costrizione, minacce, violenza: i membri – si dice – non possono scappare né comunicare con gli estranei, e comprensibilmente temono la punizione che li aspetta ove tentino di fuggire.

Più in Europa che negli Stati Uniti, ci sono ancora molte persone – compresi giornalisti e uomini politici – che credono a questi stereotipi, sostenuti inoltre da una piccola minoranza di studiosi accademici che in genere preferiscono al lavoro di ricerca sul campo le interviste a pochi ex membri arrabbiati e presentati loro dai movimenti anti-sette. Al contrario, un'imponente letteratura scientifica mostra che chi negli anni 1970 e '80 dava queste risposte era completamente fuori strada. La maggioranza dei membri delle «sette» più controverse veniva dalla buona borghesia ed era stata educata, da genitori laureati, in case confortevoli di quartieri borghesi. Era proprio perché si trattava di giovani sani, intelligenti e colti, attesi da solide carriere e alti redditi, che la loro conversione a una «setta» destava preoccupazione. Rodney Stark (2004) ha peraltro mostrato che non si trattava di una preoccupazione nuova. Nel Medioevo, ricche famiglie si inquietavano perché i loro figli, anziché prepararsi ad amministrare il feudo o l'attività mercantile di famiglia, decidevano di intraprendere una vita ascetica o di consacrarsi a un ordine mendicante.

Sempre negli anni 1970 e '80, gli psichiatri e gli psicologi – che hanno alle spalle una tradizione di studi sull'adesione a movimenti politici totalitari – vanno alla ricerca fra i membri delle «sette» di «personalità autoritarie», nevrotiche, ansiose, ossessionate da manie religiose, sofferenti di disturbi della personalità o di altre patologie mentali. Ma ben presto gli studi empirici mostrano che queste deviazioni e disturbi non sono *più*, ma semmai *meno* diffusi fra i membri delle «sette» di quanto lo siano nella società in generale. Anche la ricerca nelle «sette» di personalità alienate, incapaci di relazioni normali e soddisfacenti con gli altri, non dà buoni risultati. Quando dalle impressioni aneddotiche si passa allo studio sistematico e quantitativo, la conclusione è pressoché unanime: da tutti i punti di vista – economico, sociale, psicologico – il «tipico» membro della «setta» è una persona assolutamente normale. Inoltre, la polemica anti-sette si concentra solo sulla piccola minoranza di ex membri diventati critici militanti dei gruppi che hanno lasciato. La maggioranza di coloro che hanno abbandonato una «setta» mostra – dopo mesi, o anche dopo anni – un livello di salute mentale e di capacità di relazioni sociali non dissimile da quello medio nella popolazione in generale. Il «tipico membro di una setta» appare assolutamente normale prima, durante e dopo la sua esperienza nel movimento religioso: un'origine normale, una personalità normale, una vita normale.

E tuttavia da altri punti di vista le «sette» non erano e non sono «normali». I gruppi più «devianti» chiedono un impegno a tempo pieno: i membri rinunciano al loro lavoro e consegnano al movimento ogni loro guadagno. Alcuni gruppi adottano pratiche sessuali peculiari, dal celibato più rigoroso a una promiscuità istituzionale. Molte «sette» incoraggiano i loro membri a ritirarsi dalla società secolare e a limitare allo stretto indispensabile le comunicazioni con familiari e amici. Le attività quotidiane si concentrano sulla preghiera, il canto, la meditazione, le prediche, lo studio, l'attività missionaria, la raccolta di fondi. In breve, *è vero* che i membri sacrificano le relazioni, le soddisfazioni e le attività della vita «normale». Far parte di una «setta» è molto costoso: in termini, beninteso, di costi simbolici e non solo economici.

Costoso, ma non irragionevole, e certamente non folle. In ogni caso studiato, la conversione e l'impegno sono emersi come il prodotto di scelte razionali e di dinamiche sociali note, non di inganni, costrizioni, corruzione o «lavaggio del cervello». Questo fatto ormai ben noto agli studiosi accademici necessita di qualche commento ulteriore, perché non è ovvio per l'opinione pubblica in generale e perché ha implicazioni dirette con la questione del terrorismo suicida.

Il mito del lavaggio del cervello

Ci sono voluti decenni di studi empirici per convincere la stragrande maggioranza degli specialisti che aderire a una «setta» e rimanervi sono in gran parte questioni di scelta, e di scelta «razionale». All'inizio sembra evidente, sia al grande pubblico sia agli studiosi, che la scelta razionale è la spiegazione *meno* probabile per qualche cosa di così strano e costoso come far parte di una «setta». Pertanto, se presso i convertiti non si trovano precedenti di povertà, ignoranza, astio, alienazione, o malattie mentali, allora *devono* essere vittime di un indottrinamento eccessivo, una pressione sociale estrema, o una manipolazione psicologica così sistematica da mettere in pericolo la loro capacità di libera scelta. La variante più popolare di questa opinione diventa nota come teoria della «manipolazione mentale» o del «lavaggio del cervello».

Le teorie del lavaggio del cervello hanno le loro radici remote nella difficoltà di spiegare scelte che alla società appaiono «strane». In questi casi, si sostiene spesso che la persona non agisce ma «è agita» da un altro che la costringe a fare qualcosa contro la sua volontà. Allo stesso modo nel XVI secolo si parlava dell'influsso onnipervadente della stregoneria, e nel XIX dell'ipnotismo. Tra le scelte «strane» che inducono a queste spiegazioni ci sono (fin dalle accuse rivolte ai primi cristiani di convertire usando sortilegi) le scelte religiose considerate eretiche dalla maggioranza, finché con Sigmund Freud (1856-1939) diventa sospetta la religione in genere.

In una certa sinistra tedesca la questione della manipolazione mentale, già accennata da Freud per spiegare la conversione religiosa, è applicata al fascismo e al nazionalsocialismo: la manipolazione spiega perché «proletari», le cui scelte politiche dovrebbero essere secondo le previsioni dell'ortodossia marxista di segno opposto, diventano invece fascisti o nazionalsocialisti. Su questo tema la psicoanalisi incontra il marxismo, e si sviluppa un dibattito – in cui intervengono fra l'altro Erich Fromm (1900-1980) e Theodor W. Adorno (1903-1969) – che è alle origini della Scuola di Francoforte. Nel 1934 i teorici della Scuola di Francoforte si trasferiscono tutti negli Stati Uniti e fondano a New York l'Istituto Internazionale per la Ricerca Sociale. Alle origini l'Istituto studia la «personalità fascista» (sviluppando perfino una «scala F», che dovrebbe misurare il «grado di fascismo» della personalità manipolata); tuttavia, dopo la seconda guerra mondiale ottiene cospicui finanziamenti da istituzioni governative americane (e perde alcuni membri) quando passa a studiare la «personalità totalitaria», non solo nella variante fascista ma anche in quella comunista. Come principale esponente

di questi studi emerge lo psicoanalista Erik H. Erikson
(1902-1994).

Negli anni 1950 si produce una biforcazione. Da una
parte, incontrandosi con la teoria generale del totalita-
rismo di Hannah Arendt (1906-1975), gli studi di alcuni
allievi di Erikson (tra cui Robert Jay Lifton ed Edgar
Schein, entrambi viventi) costruiscono una teoria del
«totalismo» che studia l'adesione a ideologie «totalitarie» – politiche (il modello preso in esame è soprattutto
quello comunista cinese) e religiose (il fondamentalismo) – sulla base di tre variabili, tutte e tre ritenute
necessarie: le preferenze filosofiche e culturali, l'educazione ricevuta nell'infanzia, la «persuasione coercitiva»
nell'ambito di programmi di «riforma del pensiero»
tipici delle «istituzioni totali». Questi autori precisano
che programmi di «persuasione coercitiva» sono all'o-
pera in un gran numero di istituzioni del tutto legittime
(Schein fa l'esempio delle accademie militari, delle pri-
gioni, dei conventi di clausura), e che per giudicare se
siano accettabili, si deve guardare al contenuto e non
solo al metodo della persuasione. Quest'ultima, nota
Lifton, non è peraltro mai «infallibile», e interagisce con
le altre due variabili.

Dall'altra parte, una propaganda orchestrata da
ambienti dei servizi segreti americani utilizza – nel contesto della Guerra Fredda – queste stesse idee per affermare che nessuno diventa «fascista» o «comunista»
spontaneamente (tanto queste ideologie sono assurde):
chi abbraccia queste dottrine, lo fa perché è vittima del

«lavaggio del cervello», un'espressione coniata nel 1950 dall'agente della CIA Edward Hunter (1902-1978) per attaccare la Cina comunista. La rozzezza delle teorie del «lavaggio del cervello» – presentate dal direttore della CIA Allen Welsh Dulles (1893-1969) nel 1953 con l'esempio del fonografo: nel cervello c'è un disco e i comunisti hanno imparato a toglierlo e a cambiarlo – è derisa dagli stessi Lifton e Schein, così come il tentativo di applicarle ai prigionieri di guerra americani in Corea. Di questi – si scoprirà – solo una percentuale infima si «converte» al comunismo: altri *fingono* di convertirsi per evitare le torture, che è cosa evidentemente ben diversa.

La CIA, peraltro, in una certa misura crede alla sua stessa propaganda, e tenta anche attraverso esperimenti – durati vent'anni – di usare il «lavaggio del cervello» a proprio favore per «ricondizionare» agenti nemici e oppositori. Alla fine, dovrà ammettere che il compito è impossibile e porre fine al progetto che aveva avviato, chiamato MK-Ultra. Il Governo americano dovrà pagare importanti risarcimenti ai familiari delle vittime. Il progetto – gestito in Canada (negli Stati Uniti sarebbe stato illegale) dall'eminente psichiatra Donald Ewan Cameron (1901-1967), fondatore dell'Associazione Mondiale di Psichiatria – prova, purtroppo a spese di pazienti in parte non consenzienti, la vacuità della teoria «della CIA» del lavaggio del cervello. A Cameron riesce la prima parte dell'esperimento, che chiama *depatterning* e che si propone di eliminare le idee, le abi-

tudini e le affezioni precedenti del soggetto generando
una «amnesia selettiva». Al termine del processo si è
raggiunta, secondo le parole di un dirigente della CIA,
la «creazione di un vegetale». Quella che invece non
riesce è la seconda fase, che Cameron definisce *psychic
driving*, in cui il soggetto è «ricondizionato» e dovrebbe
assumere nuovi modelli di comportamento con un
effetto permanente. Il «vegetale» rimane tale. Si può
riuscire con dosi massicce di droghe, privazioni del
sonno e altre pressioni a «lavare via» dal cervello le idee
precedenti; ma non è possibile immetterne di nuove.

Distinguere la teoria eriksoniana del totalismo e quella «della CIA» del lavaggio del cervello è essenziale. La
prima appartiene alla storia delle scienze umane, e (benché soffra di pregiudizi che vengono da un accostamen-
to alla psicoanalisi oggi non più condiviso dalla maggioranza degli stessi psicoanalisti) ha offerto interessanti contributi allo studio di alcune ideologie totalitarie. La
seconda fa parte del diverso mondo della propaganda
politica. La teoria del totalismo afferma che nella gestione dell'influenza non c'è nulla di «magico», e che del
resto i regimi e i gruppi «totalisti» utilizzano strategie
che sono ampiamente all'opera in tutte le società.

Una psichiatria positivista, rappresentata soprattutto
dall'inglese William W. Sargant (1907-1988), applica la
teoria del lavaggio del cervello «della CIA» alla religione in genere (gli esempi di Sargant sono tratti anzitutto
dal cattolicesimo e dal protestantesimo). Negli Stati
Uniti un'allieva di Schein, Margaret T. Singer (1921-

2003), e altri restringono il campo alle sole «sette», sostenendo che alle religioni ci si converte per scelta volontaria mentre alle «sette» (*cults* in inglese) si aderisce in quanto vittime del «lavaggio del cervello». L'equivoco di fondo consiste nel fatto che Margaret Singer afferma di applicare la teoria del totalismo di Lifton e Schein alle «sette», mentre in realtà – sostenendo che il «lavaggio del cervello» asseritamente operato dalle «sette» opera a prescindere da qualunque contesto ed è qualcosa di «magico» e irresistibile – il suo vero punto di riferimento è la teoria «della CIA».

La questione è complicata dal fatto che Lifton (metodologicamente lontano dalla Singer, ma a lei politicamente vicino, in quanto ostile alla religione «forte» in genere) sottoscrive una prefazione elogiativa a un libro della controversa psicologa californiana, anche se in altre sedi ne prende cautamente le distanze. Gli iniziali successi in cause contro «sette» americane si rovesciano nel 1990 quando con la sentenza *Fishman*, che influenza tutta la giurisprudenza successiva, una Corte federale californiana, dopo avere correttamente distinto sulla scia della letteratura scientifica maggioritaria fra teorie del totalismo e modello «della CIA», conclude che «le teorie riguardanti la persuasione coercitiva praticata dalle sette religiose non sono sufficientemente accettate dalla comunità scientifica per potere essere ammesse come prove nei tribunali federali».

Fuori moda negli Stati Uniti – anche se non ne mancano isolati sostenitori – da quindici anni, la teoria del lavaggio del cervello è riapparsa in Europa, soprattutto in Francia, per spiegare come nel paese della *laïcité* qualcuno possa convertirsi a «sette» bizzarre con idee religiose insieme intense e «oscurantiste», magari anche di origine «americana». Ne è nata, fra enormi controversie anche internazionali in cui contro la Francia hanno preso posizione organismi internazionali di difesa della libertà religiosa, gli Stati Uniti e voci autorevoli delle Chiese maggioritarie, una legge contro le «sette», del 30 maggio 2001, che comporta una modifica dell'art. 223-15 del Codice Penale in modo da punire la «riduzione in stato di soggezione fisica e psicologica» e l'uso di tecniche asseritamene capaci di «alterare la libertà di giudizio». La censura rivolta da molte voci autorevoli in materia di studi religiosi alla Francia è la stessa che i critici delle teorie del «lavaggio del cervello» hanno sempre manifestato: di fronte a un'ipotesi di reato così vaga, che fa riferimento a nozioni che non hanno uno status scientifico accettato, la legge dà un *assist* a giudici che vogliano in realtà punire delle idee, giudicate così «assurde» da poter essere abbracciate solo sotto l'influsso della «manipolazione mentale» e non liberamente.

Anche in Italia il 4 marzo 2004 la Commissione Giustizia del Senato ha approvato un disegno di legge che introduce il nuovo reato di «manipolazione mentale». Questo reato sarebbe commesso da gruppi che praticano «attività finalizzate a creare o sfruttare la dipendenza psicologica o fisica delle persone che vi partecipano» attraverso «tecniche di condizionamento della personalità o di suggestione». Non è un caso che contro il progetto di legge italiano abbiano preso posizione – in una lettera aperta al Presidente della Repubblica e al Governo – una cinquantina di studiosi internazionali: l'elenco comprende la maggioranza degli specialisti di nuovi movimenti religiosi più noti nelle università di tutto il mondo (CESNUR 2004).

In effetti, già vent'anni fa gli stessi accademici avevano reagito duramente contro libri e articoli che rappresentavano, per esempio, i seguaci del reverendo Moon come maestri della manipolazione mentale che ingannavano – o addirittura rapivano – giovani ingenui per fare loro frequentare seminari di indottrinamento in luoghi isolati, dove – chiusi a chiave, privati del sonno e storditi da diete ad alto contenuto di zucchero – sarebbero stati sottoposti a una predicazione continua che mirava a confonderli, a canti monotoni, a un «bombardamento affettivo» e ad altre pratiche insidiose che li privavano della libertà di giudizio e dello stesso libero arbitrio, per trasformarli in robot dallo sguardo vacuo, capaci solo di servire l'organizzazione e la persona del discusso predicatore coreano. La verità, tuttavia, non aveva niente a che fare con queste storie a sensazione. Decine di studi sul reclutamento, la conversione e il mantenimento nelle fila delle «sette» dei loro fedeli non sono riusciti a trovare nessuna prova del presunto lavaggio del cervello (Introvigne 2002a). I seguaci del reverendo Moon e altri nuovi movimenti religiosi, certo, dedicavano molte energie alla missione e alla persuasione, ma utilizzavano metodi convenzionali e non avevano particolare successo.

Nel più ampio studio condotto sul campo e pubblicato a questo riguardo, l'eminente sociologa inglese Eileen Barker (1984) non trova nessuna prova che i convertiti «moonisti» siano mai stati rapiti, chiusi a chiave o sottoposti a costrizione. Semmai, queste cose succedono quando qualcuno di loro – su incarico dei loro genitori – è rapito da «deprogrammatori» collegati ai movimenti anti-sette che proclamano di volerlo «salvare» dal reverendo Moon. Al contrario, i partecipanti ai seminari studiati dalla Barker non sono privati del sonno; il cibo non è peggiore di quello di molte mense universitarie; le prediche e conferenze non sono né più né meno noiose di quelle di molte altre organizzazioni religiose o scolastiche; si canta ben poco; non circolano né droghe né bevande alcoliche; e le esperienze intense o estatiche brillano piuttosto per la loro assenza. Le persone sono libere di andarsene: e lo fanno, in massa.

L'ampio studio della Barker mostra che all'interno del numero, già relativamente modesto, di persone persuase a partecipare a uno dei famosi seminari di due giorni (ritenuti dai critici il più efficiente sistema di «lavaggio del cervello» ideato dal reverendo Moon), meno del 25% aderisce al movimento per più di una settimana, e solo il 5% ne fa ancora parte dopo un anno. Tra i visitatori di un centro «moonista», meno di 1 su 200 rimane in contatto con il movimento due anni dopo la prima visita. Con un tasso di fallimento del 99,5%, non c'è da stupirsi che i membri a tempo pieno del movimento di Moon in Occidente non siano mai stati più di qualche migliaio. Quando i ricercatori cominciano a controllare quanti siano davvero i «membri» delle «sette» – anziché limitarsi a ripetere pedissequamente le cifre fornite dai movimenti stessi, dagli ex membri arrabbiati o dai giornalisti – si accorgono con loro grande stupore che i numeri sono molto più bassi di quanto abbiano mai immaginato (Wright 1987; Bromley 1988). Già alla metà degli anni 1980 gli studiosi accademici hanno screditato in modo così completo le teorie del lavaggio del cervello e della «manipolazione mentale» – per quanto questo discredito non si sia mai esteso completamente ai media e agli ambienti politici – che la Società per lo Studio Scientifico della Religione e l'Associazione Americana di Sociologia promuovono specifiche campagne per educare il pubblico e i tribunali contro questa mitologia e le sue perniciose conseguenze (Richardson 1985).

Sociologia della conversione

Fortunatamente per le «sette», e anche per i ricercatori, le loro attività missionarie degli anni 1970-'80 non falliscono *sempre*. Ogni tanto qualcuno si converte, e le conversioni seguono una dinamica tale da consentire conclusioni di carattere generale. Le idee sensazionalistiche sulla «manipolazione mentale» possono così essere sostituite da teorie che vedono nei network sociali e nella circolazione del capitale sociale gli elementi chiave per spiegare la conversione e la permanenza nei movimenti. Come vedremo, le stesse spiegazioni sociologiche valgono per altre forme di estremismo religioso, compreso il terrorismo suicida.

Dopo i lavori di Gary Becker (1975), James Coleman (1988), Robert Putnam (1995, 2000) e altri, alcune idee sociologiche di base sugli impegni, le relazioni e le istituzioni umane sono diventate oggetto di un consenso ampiamente condiviso. Molte conclusioni dello studio delle «sette» sono, in fondo, solo casi particolari di princìpi generali relativi ai network e al capitale simbolico di tipo sociale, religioso o «spirituale». Sarebbe però sbagliato privare queste conclusioni del loro legame con i casi concreti. Gli economisti, per esempio, sbaglierebbero se identificassero completamente i legami familiari o di amicizia che incidono sulla conversione religiosa con i network sociali che accompagnano di solito il lavorare per una stessa società, vivere in un certo quartiere o frequentare una specifica scuola.

I primi lavori pionieristici sulla conversione alle «sette» e la teoria dei network provengono anch'essi dallo studio dei seguaci del reverendo Moon. Fortunatamente per la sociologia, John Lofland e Rodney Stark (1965) decidono di studiare questo gruppo a metà degli anni 1960, quando negli Stati Uniti è ancora piccolissimo: consta di una dozzina di ragazzi, maggiorenni, che si sono appena trasferiti a San Francisco da Eugene, nell'Oregon. All'epoca il gruppo è guidato da Young Oon Kim (1915-1989), una ex docente universitaria di scienze religiose in Corea che si è trasferita nell'Oregon nel 1959 per lanciare la prima missione americana della Chiesa dell'Unificazione del reverendo Moon. Comprensibilmente, la Kim aveva incontrato tutte le difficoltà che derivano dagli insegnamenti piuttosto eterodossi del reverendo Moon, che pure insiste nel presentare la sua Chiesa come pienamente inserita nella tradizione cristiana (Introvigne 1997b).

Lofland e Stark scoprono che tutti i membri della Chiesa dell'Unificazione di San Francisco sono uniti da profondi legami di amicizia *precedenti* al loro incontro con la signora Kim. Le prime tre convertite americane sono giovani casalinghe, vicine di casa fra loro, che sono diventate amiche della Kim dopo che questa ha affittato una camera da una di loro. In seguito, al gruppo si uniscono i mariti, seguiti da loro colleghi di lavoro. Quando Lofland e Stark iniziano il loro studio, non si è ancora convertito neppure un «estraneo», cioè una persona che non abbia legami diretti o indiretti con le prime tre convertite.

Il processo di conversione non è quello che la signora Kim cercava o si aspettava. Nel suo primo anno di permanenza in America aveva cercato di trovare qualche nuovo seguace tenendo conferenze e spedendo comunicati stampa. In seguito, a San Francisco, il gruppo prova a utilizzare gli annunci pubblicitari alla radio, e riunioni pubbliche in grandi sale affittate per la bisogna. Questi metodi non danno nessun risultato. Durante il periodo di osservazione di Lofland e Stark *nessuno* si converte grazie a queste iniziative. Ci sono sì nuovi convertiti, ma si tratta o di vecchie amicizie dei membri del gruppo iniziale o di nuovi amici che alcuni di loro sono riusciti a farsi a San Francisco.

Il proselitismo, in altre parole, porta frutto soltanto quando coincide con la preesistenza di forti legami sociali, familiari o di profonda amicizia. Convertire non vuole tanto dire vendere idee quanto formare legami, così da diminuire i costi e aumentare i benefici sociali associati a un processo di modifica dell'identità religiosa. È vero anche il contrario. *Quando una persona mantiene stretti contatti con un network di non membri il fallimento del processo di conversione è garantito.* Molti passano parecchio tempo con i seguaci di Moon ed esprimono anche interesse per le loro dottrine: ma non si convertono. In quasi tutti i casi, coloro che decidono di non convertirsi mantengono forti legami con non membri che disapprovano il gruppo. Al contrario, i convertiti sono persone da poco arrivate a San Francisco, dove non hanno famiglia né amici e sono disposti a farsene di nuovi.

In sintesi, *i legami sociali sono il cuore della conversione, e la conversione tende a procedere seguendo i network sociali.* La scoperta di Lofland e Stark è stata confermata da decine di studi condotti in tutto il mondo presso gruppi così diversi come gli Hare Krishna, la Missione della Luce Divina, la Soka Gakkai, i movimenti dei dischi volanti, i fondamentalisti protestanti, i mormoni (e i loro scismi), il Rinnovamento nello Spirito cattolico, la Christian Science, i Baha'i (Robbins 1988). E la lista non è completa (Kox, Meeus e 't Hart 1991). Detto in termini un poco più astratti, la «legge» sociologica fondamentale in tema di conversione afferma che *la conversione a una nuova religione non avviene quasi mai se il convertito non sviluppa legami con i membri del gruppo più forti di quelli che ha con i non membri.*

Questa «legge» spiega *perché la fondazione di una nuova religione comincia quasi sempre con la conversione dei membri della famiglia del fondatore e dei loro amici più stretti.* La prima convertita di Muhammad (ca. 570-632) è la moglie Khadījah (?-619), il secondo il cugino 'Alī (?-661), quindi il servo Zayd (?-665) e l'amico di vecchia data Abū Bakr (570-634). Joseph Smith (1805-1844) fonda la Chiesa mormone il 6 aprile 1830 dopo avere arruolato i suoi fratelli Hyrum (1800-1844) e Samuel (1808-1844), Oliver Cowdery (1806-1850), che vive a pensione dai suoi genitori, e due amici di Cowdery. Gli undici testimoni che certificano l'autenticità del *Libro di Mormon* comprendono il padre di Joseph Smith, i due fratelli, il vicino di casa Martin Harris (1783-1875), Oliver Cowdery, cinque membri della famiglia Whitmer e Hiram Page (1800-1852), la cui moglie è una Whitmer. Mark Twain (1835-1910) commenta ironicamente: «Non sarei più soddisfatto e tranquillo neppure se *tutta* la famiglia Whitmer avesse testimoniato la sua fede» (Twain 1872, 129-130). Stark (2004) ha riscontrato simili dinamiche all'opera nelle narrazioni bibliche relative ad Abramo, a Mosè e allo stesso Gesù Cristo.

La legge sociale della conversione predice pure che *fino a quando le persone rimangono profondamente legate ai network sociali di una fede, è raro che si convertano a un'altra.* Per questo – nella ricerca di Lofland e Stark – i missionari mormoni che vanno a trovare i seguaci del reverendo Moon possono anche diventare amici della signora Kim e dei suoi convertiti, ma non provano la tentazione di convertirsi a loro volta. Il convertito tipico non ha legami stabili con istituzioni religiose. Contrariamente a quanto si pensa, molti non sono neppure «ricercatori spirituali», anzi la maggioranza non si pone normalmente domande di tipo religioso. I «moonisti» studiati da Lofland e Stark imparano presto che perdono tempo cercando di svolgere la loro opera missionaria in riunioni ecclesiastiche o in collegi per studenti legati a gruppi religiosi. Ottengono invece buoni risultati in luoghi dove la maggioranza delle persone non ha nessuna frequentazione religiosa. Anche questa conclusione è stata confermata da numerose ricerche successive (cfr. Stark e Bainbridge 1985). Se ne può concludere che *i nuovi movimenti religiosi traggono la maggioranza dei loro convertiti da persone religiosamente inattive o unite da legami molto tenui alla loro religione.*

Senza le osservazioni dirette e le ricerche sul campo dei sociologi, queste conclusioni non sarebbero mai state raggiunte, perché i convertiti – allorché raccontano, mesi o anni dopo, la loro conversione – tendono a sottolinearne quasi solo gli elementi teologici. Quando si chiede perché si siano convertiti, i «moonisti» della ricerca di Lofland e Stark insistono senza eccezioni sul fascino irresistibile dei *Principi Divini* (la scrittura sacra del movimento), sostenendo che solo un cieco potrebbe non vedere l'evidente verità di questa dottrina. Con queste affermazioni i convertiti implicitamente – e talora esplicitamente – sostengono che il loro cammino di conversione è il prodotto finale di una ricerca intellettuale. Ma Lofland e Stark ne sanno di più, perché, trattandosi di nuovi convertiti, li hanno seguiti passo passo, e li hanno incontrati molto prima che abbiano imparato ad apprezzare le dottrine e a testimoniare la loro nuova fede. All'inizio, quando si avvicinano al gruppo, non sono affatto «in ricerca» di una fede religiosa, e nella maggioranza dei casi considerano le credenze dei loro nuovi amici come piuttosto stravaganti.

Nella misura in cui il gruppo considera le credenze centrali per la propria missione, i convertiti si trovano di fronte a una forte pressione affinché mettano la dottrina al centro delle loro narrative di conversione. Come nota Robbins (1988, 81), citando studi di Greil e Rudy (1984) e di Heirich (1977) – oltre a numerosi altri – «la pressione ideologica spesso porta i convertiti a costruire narrative del tipo: "Ero perduto e sono stato ritrovato"» (per riprendere la formula di quello che è forse il più celebre inno cristiano in lingua inglese, *Amazing*

Grace di John Newton [1725-1807]). Queste narrative *ex post* devono essere considerate piuttosto come *prodotti* delle nuove identità dei convertiti che come descrizioni dei loro precedenti. Molti nuovi convertiti hanno molto da imparare a proposito delle dottrine delle nuove religioni che hanno abbracciato, e molti al momento di convertirsi hanno ancora seri dubbi su credenze di importanza centrale. Nella maggior parte dei casi la decisione di convertirsi a un gruppo marginale e di assumere il ruolo del convertito (Robbins 1988) viene *molto prima* di qualunque cambiamento radicale nelle credenze personali, nell'identità e nella visione del mondo. Le relazioni sociali sono il cavallo che traina il carro del cambiamento ideologico.

Gli studi di Hsing-Kuang Chao (1998) ci aiutano a chiarire come la dottrina arrivi a essere percepita, *ex post*, come il fattore centrale nella conversione. Le sue ricerche si riferiscono a un piccolo movimento protestante cinese di Los Angeles, i cui membri sono in genere reclutati fra i cinesi non cristiani. Il gruppo pubblica un voluminoso bollettino, e per un certo numero di anni vi compaiono resoconti dettagliati del percorso verso la fede di ogni nuovo convertito. Certo, questi racconti sottolineano sempre il ruolo della dottrina, ma offrono anche molte informazioni secondarie sulle relazioni sociali del convertito. Alla fine il numero di convertiti diventa troppo grande per permettere la pubblicazione di resoconti così dettagliati. Per risparmiare spazio, i responsabili del bollettino decidono di eliminare qualunque dettaglio sulle relazioni sociali, pubblicando solo i commenti dottrinali. Non hanno nessuna intenzione di ingannare i loro lettori. Vogliono solo usare lo spazio a disposizione per quello che considerano l'elemento di gran lunga più importante.

Ancora un'altra conseguenza nel processo sociale della conversione è il fatto che *la conversione avviene di rado all'improvviso*. Piuttosto, le persone che hanno incontrato una nuova religione attraverso i familiari e gli amici percorrono un lento cammino di apprendimento, ascolto e riflessione prima di abbracciare definitivamente la nuova fede. Tipicamente il loro ruolo in questo processo è piuttosto *attivo*. Lofland (1977) ha criticato, dodici anni dopo la prima ricerca, la sua stessa teoria «Lofland-Stark», in quanto vedeva ancora i convertiti in un modo troppo passivo. Ulteriori ricerche sul campo lo hanno convinto che i convertiti hanno un ruolo fondamentale nel convertire se stessi. Le osservazioni di Lofland sono state successivamente confermate da altri studi, tra gli altri quelli di Bainbridge (1978), Barker (1984) e Richardson (1985). La conversione presuppone introspezione, non solo interazione. Le persone si interrogano, pesano, valutano le loro situazioni e le loro opzioni. Né il processo introspettivo termina con la prima professione di fede. I membri dei movimenti religiosi continuano a riesaminare il loro impegno, e molti tornano indietro.

Un nuovo accostamento alla conversione

Dopo avere descritto come lo studio sociologico della conversione ha demolito la mitologia popolare sulla «conversione alle sette», può essere utile riassumere quelle conclusioni, cui la letteratura scientifica è pervenuta, che sembrano più rilevanti per il terrorismo suicida. Si può ipotizzare che *quasi tutte le costanti di comportamento qui elencate possano essere estese dalle «sette» ai gruppi religiosi ultra-fondamentalisti che commettono atti di terrorismo.*

1. La tipica recluta delle «sette» (e del terrorismo suicida) è *normale* da quasi tutti i punti di vista: economicamente, socialmente, psicologicamente. I tipici convertiti delle «sette» *non* sono tormentati da timori nevrotici, aggressività repressa, un alto livello di ansietà, ossessioni religiose, disordini della personalità, bisogni devianti e altre patologie mentali. I tipici convertiti *non* sono emarginati, frustrati nelle loro relazioni, privi di capacità sociali. I convertiti medi sono giovani, sani, intelligenti e sembrano avere buone possibilità di avere successo nella vita.

2. La conversione alle «sette» (e al terrorismo suicida) si verifica raramente, a meno che il convertito sviluppi con i membri del gruppo cui si converte relazioni più profonde di quelle che intrattiene con i non membri. Le persone che hanno relativamente pochi e tenui legami sociali sono più propense alla conversione. Così, la conversione è più comune tra i giovani, i single, colo-

ro che vivono in una casa di affitto e non di proprietà, che non hanno un lavoro, una carriera, una residenza che considerino definitiva, o che sono «in transizione» da un punto di vista sociale, professionale, accademico o geografico. Le persone con legami forti sono meno suscettibili alla conversione: così le persone sposate e con figli, i proprietari di case, coloro che hanno lavori, occupazioni e residenze che considerano tendenzialmente definitive si convertono di rado a una nuova religione. I gruppi di convertiti tendono a svilupparsi attraverso network sociali già esistenti. Le barriere sociali (economiche, regionali, etniche, di lingua e anche di religione) tendono a ostacolare il percorso di reclutamento. I nuovi movimenti religiosi trovano la maggioranza dei loro convertiti fra coloro che hanno un basso livello di coinvolgimento nella propria religione, o nelle religioni maggioritarie in genere.

3. Il proselitismo è un *processo* che comprende reiterate interazioni sociali, e i convertiti partecipano in modo ampio e volontario alla loro stessa conversione. La conversione è quasi sempre un processo che si sviluppa nel tempo. Le forme e i tempi dei riti di passaggio istituzionali (come il battesimo o la professione di fede pubblica) corrispondono raramente alle «vere» forme e tempi della conversione. Il processo di conversione spesso implica una reinterpretazione della propria storia di vita, in modo da sottolineare – al di là della realtà – presunte precedenti situazioni di insoddisfazione, peccato o ricerca spirituale. Ricostruzioni

uguali e contrarie del passato sono offerte da chi lascia un movimento. Così, le narrative degli ex membri talora sottolineano il male, il danno, la miseria e lo sfruttamento che sarebbero tipici delle «sette»: ma spesso queste narrative sono esagerate o false. Un caso limite è quello delle «memorie ritrovate» che emergono sul lettino del terapeuta decine di anni dopo avere lasciato un movimento religioso, una scuola o un collegio, e che fanno riferimento a presunti abusi sessuali. Un'ampia letteratura psicologica e giuridica mostra che le «memorie ritrovate» sono, nella stragrande maggioranza dei casi, semplici affabulazioni totalmente false sul piano fattuale (Loftus e Ketcham 1991, 1994; Introvigne 1996).

In ogni caso, la credenza *segue* tipicamente il coinvolgimento personale. Forti legami spingono i convertiti nei gruppi religiosi; forti credenze si sviluppano più lentamente, o non si sviluppano mai. Un forte coinvolgimento, accompagnato da notevoli sacrifici, può perfettamente coesistere con dubbi, incertezze e un'alta possibilità di defezione. L'intensità dell'impegno *non* è sinonimo di certezza nelle credenze o di stabilità del legame. Coloro che lasciano le «sette» dopo settimane, mesi o persino anni, di solito hanno poche difficoltà a ritornare ad attività, credenze e relazioni considerate «normali» dalla maggioranza sociale.

Né la letteratura scientifica sulle «sette» né la più recente letteratura sul terrorismo sono sufficienti a provare l'ipotesi che tutte queste caratteristiche in effetti si applichino sia alle «sette» sia al terrorismo suicida. Molti indizi sembrano tuttavia confermare l'ipotesi, e nuovi elementi appaiono quasi quotidianamente. Alcuni dei risultati più sorprendenti riguardano le caratteristiche personali dei terroristi suicidi, il ruolo dei gruppi e l'importanza dei network sociali. Nel 2003 Alan Krueger e Jitka Maleckova (144) hanno passato in rassegna numerosi studi sul terrorismo suicida e hanno concluso che ci sono «scarse correlazioni dirette tra la povertà e la mancanza di educazione da una parte e la partecipazione ad attività terroristiche dall'altra». Berrebi (2003) conclude che i terroristi suicidi palestinesi hanno perlopiù una *maggiore* scolarizzazione e un *migliore* retroterra economico rispetto al palestinese medio. Le statistiche di Berrebi confermano lo studio già citato su Hamās di uno degli autori (Introvigne 2003), nonché il ritratto che emerge dalle interviste di Nasra Hassan (2001) a candidati al terrorismo suicida in Palestina. Le sue conclusioni hanno un suono familiare per chiunque abbia passato anni a intervistare i convertiti alle «sette»: «Nessuno [dei terroristi] era senza educazione, particolarmente povero, sbandato o depresso. Molti appartenevano alla classe media palestinese e, a meno che fossero latitanti, avevano dei buoni impieghi [...]. Due erano figli di milionari» (Hassan 2001, 39).

Altri studi hanno sottolineato il ruolo critico delle *dinamiche di gruppo* nel reclutamento, nell'addestramento e nella guida dei terroristi suicidi. David Brooks

(2002, 19) descrive acutamente il terrorismo suicida palestinese degli ultimi anni come «un'impresa altamente comunitaria [...] avviata da organizzazioni gerarchiche e ben strutturate che reclutano, indottrinano, addestrano e premiano i terroristi». Benché l'organizzazione sembri motivare i potenziali terroristi in diversi modi, il «fattore cruciale» è la «lealtà al gruppo» promossa da «piccole cellule» e da «numerose ore di intensa e intima preparazione spirituale». Come ha sottolineato Kramer (1991), la «dimensione sociale» non era meno cruciale negli attacchi suicidi libanesi degli anni 1980. È vero, questi «auto-martiri» sacrificavano se stessi, ma nello stesso tempo erano sacrificati da un gruppo, di cui facevano parte, che li selezionava, li preparava, li guidava, li incoraggiava (cfr. pure Hoffman 2003).

Stiamo anche cominciando a scoprire che, esattamente come i membri delle «sette» degli anni 1970, i terroristi e i militanti fondamentalisti in genere sono tipicamente reclutati secondo network sociali preesistenti. La descrizione di Barrett (2003) su come un musulmano nato in India, venuto a studiare in un'università americana, entri a far parte del movimento fondamentalista dei Fratelli Musulmani è, da questo punto di vista, esemplare. L'importanza dei network sociali preesistenti e di forti legami personali è confermata dalla scoperta da parte delle truppe americane in Iraq – che ha permesso la cattura di Saddam Hussein – secondo cui la cosiddetta «resistenza» irachena è organizzata attraverso «network tribali legati fra loro da rapporti matrimoniali, alcuni dei quali collegati alla famiglia di Saddam Hussein» (Fassihi 2003, 1). È grazie ai membri dei sei principali clan familiari del «triangolo sunnita» che Saddam Hussein ha potuto nascondersi per otto mesi ed eludere gli enormi sforzi fatti per catturarlo. Harold Engstrom, uno dei due responsabili della cattura di Saddam Hussein, ha spiegato che «la forza e l'estensione dei legami familiari e tribali che coinvolgono centinaia di persone era al di là di ogni nostra aspettativa, e ci ha profondamente stupito» (Fassihi 2003, 1). Si è anche scoperto che molti capi di al-Qā'ida sono legati fra loro da relazioni di famiglia e matrimoniali. In genere, tuttavia, i network sociali hanno ricevuto meno attenzione di quanta a nostro avviso ne meritino nello studio del terrorismo.

Né si tratta degli unici campi in cui la letteratura sulle «sette» può essere utile per interpretare il terrorismo suicida. Uno degli autori (Introvigne 2004) si è occupato specificamente dei rapporti fra i «suicidi di massa» delle «sette» e il terrorismo suicida. Cronin (2003) fornisce altri esempi. Si può tranquillamente prevedere che gli elementi comuni rispetto alle «sette» – sia quelli immaginari, relativi all'elusiva «manipolazione mentale», sia quelli reali e solidi – siano destinati a emergere come centrali nelle future discussioni sul terrorismo suicida. Per evitare errori già compiuti, e trarre profitto da conclusioni già raggiunte, non si può che raccomandare ai ricercatori che si specializzano nello

studio del terrorismo di consultare la ricchissima letteratura sulle «sette» che si è accumulata (particolarmente in lingua inglese, ma non solo) negli ultimi trent'anni. Si rivelerà per loro una vera miniera di analisi, previsioni e teorie.

La domanda di esperienze religiose estreme

Altrove (Introvigne 2004) si è mostrato che la nicchia
ultra-fondamentalista comprende un numero minorita-
rio di consumatori religiosi. E la nicchia ultra-fondamentalista non è tutta composta di candidati al terrorismo suicida: molti, come si è accennato, manifestano il
loro radicale rifiuto dei valori comunemente accettati
nella società in modi non violenti. Purtroppo, però, fra i
consumatori religiosi la domanda di esperienze estreme
non è inesistente. C'è una *nicchia nella nicchia* ultra-fondamentalista composta di persone che cercano esperienze così radicali da essere *potenzialmente* interessate anche
al terrorismo suicida. Questa conclusione non deve sor-
prendere perché – al di fuori della religione – l'esistenza
di una domanda di esperienze estreme e illegali, e anche
di esperienze che mettono in grave pericolo la vita di chi
le compie, è del tutto ovvia. Molti, se si verificano deter-
minate circostanze, sono pronti a rubare, uccidere, dro-
garsi, commettere atti di violenza o partecipare a tumul-
ti. Le società dedicano imponenti risorse a cercare di
limitare queste attività. Aumentando il rischio di essere

arrestati e processati, si riduce la domanda di esperienze estreme: ma non sparisce, come dimostra qualunque studio della criminalità. Questa domanda di esperienze estreme, evidentemente, riguarda settori molto minoritari della società. Ma il terrorismo suicida non aspira a reclutare decine di migliaia di persone. I pochi che si presentano sono già molti per le esigenze dei terroristi. Come dichiarano i dirigenti di Hamās (Introvigne 2003), il loro problema non è quello di trovare candidati al martirio, ma di selezionarne solo una minoranza fra i molti che si offrono.

Si dirà che non esiste però una domanda diffusa di porre fine alla propria vita. È vero che le persone razionali non sacrificano *facilmente* tutta la loro salute, carriera, ricchezza e libertà, per non parlare della loro vita. Insistiamo però sul «facilmente». Molti sono disposti a pagare costi elevatissimi per ottenere i propri scopi. Persone evidentemente razionali ogni giorno rischiano la salute, la ricchezza, il lavoro e anche la vita per una varietà di ragioni, non tutte di carattere economico e non tutte nobili: si pensi a chi assume droghe evidentemente pericolose, o visita prostitute ad alto rischio di AIDS e altre malattie. Sul versante degli ideali socialmente condivisi, la maggioranza della popolazione si *dichiara* disposta a morire per i valori in cui crede più profondamente; una minoranza significativa probabilmente lo pensa davvero, e alcuni lo fanno. Stark (1996), nel suo importante studio sulle origini del cristianesimo, ha mostrato che l'atteggiamento dei primi martiri cristiani può essere interpretato come una scelta del tutto razionale. Beninteso, i martiri cristiani, che si lasciano uccidere senza nuocere ad alcuno, sono agli antipodi dei terroristi suicidi che muoiono per uccidere. La domanda che abbiamo posto però è se la scelta di sacrificare la propria vita – ancor prima di esaminare le modalità e gli scopi per cui questo sacrificio avviene – possa essere considerata *talora* una scelta razionale, ovvero se la si debba giudicare sempre e comunque irrazionale. Nel caso dei primi cristiani il contesto sociale, dove i martiri sono inseriti in una comunità che prega per loro, li incita a resistere (e qualche volta ottiene anche che siano rilasciati e scampino alla morte), celebra la memoria dei morti venerandoli come santi e rispetta come eroi i sopravvissuti alle persecuzioni, contribuisce a spiegare in termini di scelta razionale il loro atteggiamento, anche prescindendo dalle ricompense soprannaturali che essi si attendono.

Nelle nostre società ci sono persone addestrate in modo del tutto legale a morire, e anche a uccidere, per cause piuttosto lontane dal semplice guadagno economico personale. La vita militare è l'esempio principale. I migliori soldati non sono coloro che non hanno buone ragioni per vivere, ma quelli che hanno trovato una ragione ideale cui sono disponibili a sacrificare la vita. Le migliori reclute sono giovani, single, in buona salute, capaci, intelligenti. Le unità militari di élite usano con grande parsimonia incentivi di tipo economico e materiale per motivare i loro membri. Lo status e l'onore sono molto più importanti, come lo è in guerra demonizzare il nemico e mantenere un sentimento condiviso della bontà morale dell'impresa. Tutti gli studi della vita militare mostrano l'importanza critica non solo delle appropriate conoscenze tecniche, ma anche della capacità dei soldati di sviluppare profondi legami di fiducia e di amicizia con i loro compagni più vicini. Possiamo cercare di presentare le stesse conclusioni in un modo più formale. Per attori sociali razionali che sacrificano le loro vite, la «funzione obiettiva» ha la forma seguente:

$$E = [B\,(R, Z) - C\,(R, Z)].$$

Il risultato o esito E descrive i benefici B che ci si attende, al netto dei costi C. Z si riferisce ai benefici e ai costi relativi alle normali attività, sociali ed economiche, della vita di tutti i giorni. R si riferisce invece alle attività e conseguenze relative alla morte per una causa o un ideale, e l'esempio che abbiamo in mente è proprio quello del terrorismo suicida. I maggiori benefici di tipo R sono la fama, l'onore e il riconoscimento; lo status morale; il valore del risultato (sia giudicato personalmente, sia apprezzato da altri); i benefici e gli onori tributati ai familiari; la stima di sé; la grandezza del danno e dell'umiliazione inflitte ai nemici. In generale il flusso dei benefici Z comincia molto prima dell'atto sacrificale (il candidato è onorato dai compagni e premiato dai dirigenti), e si estende al di là della morte:

attraverso la fama e l'onore per sé e per i propri familiari, e per i credenti anche attraverso i benefici che sperano di conseguire nell'Aldilà. Benefici socialmente
costruiti hanno un forte peso nel calcolo dell'attore, così
come una valutazione del grado di probabilità di vari
possibili esiti. Un attore razionale valuterà i benefici
netti tenendo conto dei costi, che comprendono il dolore e la sofferenza fisici, i costi per i familiari, il rischio di
fallimento con la conseguente umiliazione, cattura, processo e probabile esecuzione. Il risultato del calcolo
rimane comunque, nella mente del terrorista, positivo,
ed è per questo che decide di morire.

Le osservazioni precedenti mostrano l'enorme difficoltà di un'attività di prevenzione che si ponga *dal lato
della domanda*, cioè dei singoli candidati al terrorismo
suicida. Anche nel caso in cui queste strategie avessero
successo, le imprese del terrorismo possono funzionare
in modo efficace anche con un numero di candidati al
suicidio *estremamente* piccolo. Pochi terroristi suicidi
sono sufficienti a compiere una pluralità di atti spettacolari. Le normali minacce dell'azione penale – il carce-
re, l'ergastolo e anche la pena di morte – hanno un
impatto minimo sul calcolo costi/benefici di un terrorista suicida razionale. Questi ha già messo in conto di
perdere la libertà e la vita. Inoltre, la pluralità di (presunti) benefici associati all'auto-immolazione permette
l'esistenza di diversi gruppi di candidati e metodi di
reclutamento. Se gli oppositori bloccano un gruppo o
un metodo, l'impresa terrorista può rapidamente adot-

tarne altri. Per la verità, questo è vero in un'economia di guerra anche per altri elementi. Olson (1962) ha mostrato il fallimento dei tentativi degli Alleati durante la seconda guerra mondiale di privare la Germania di rame, tungsteno e altre risorse considerate «critiche» e «indispensabili». In un'economia di guerra la sostituzione di una risorsa con un'altra può avvenire in tempi molto brevi.

Come Israele ha imparato a sue spese, il terrorismo ricorre al principio della sostituzione su una scala senza precedenti. Se si sorvegliano particolarmente coloro che corrispondono a un certo profilo, i terroristi reclutano persone di un'età, di un sesso, di un'apparenza esterna diversa, e così via. Se si distruggono le case delle famiglie dei terroristi, se si premiano gli amici con maggiori riconoscimenti economici, persino se si uccidono i familiari del terrorista – qualche cosa che Israele non ha mai fatto, né preso in esame –, le organizzazioni troveranno ancora reclute, magari fra coloro i cui parenti sono emigrati o sono morti. All'inizio del terrorismo suicida la maggioranza dei «martiri» era «giovane, single e di sesso maschile» (Hoffman 2003), ma oggi le cose sono cambiate: «non esiste più un unico profilo chiaro per i terroristi, e certamente non per i terroristi suicidi». Alcuni dei «martiri» più recenti sono persone di mezza età, sposate e con figli. Sempre di più in Palestina i terroristi suicidi sono donne, e questa è la norma in Cecenia (dove gli uomini si dedicano piuttosto alla guerriglia). Da ultimo, sono emersi anche terroristi minorenni e veri e propri bambini. Né ci si deve più attendere che il terrorista suicida sia barbuto, devoto e con il Corano nello zaino. Che si tratti di un astuto travestimento o di qualche cosa di diverso, molti terroristi – e terroriste – degli ultimi anni erano noti per una vita personale del tutto lontana dai dettami dell'islam.

Il terrorista è reclutato in una comunità in cui esiste una certa domanda di estremismo religioso nella sua forma più radicale. Ridurre la presenza di questa domanda è forse possibile; eliminarla del tutto è inconcepibile. Inoltre, il problema della sostituzione è complicato dal carattere endogeno e sociale del terrorismo suicida. Le misure che rendono gli attacchi suicidi più costosi e difficili tendono, nello stesso tempo, ad accrescere la fama, l'onore e l'ammirazione verso coloro che, nonostante tutto, hanno successo. Pertanto anche una riduzione del tasso di successo delle operazioni suicide – certamente positiva e auspicabile da altri punti di vista – può non comportare un'immediata riduzione, nella nostra equazione, dei benefici netti che i nuovi candidati al suicidio si aspettano. Può perfino aumentarli. Per un semplice esempio formale del processo, immaginiamo che p denoti le probabilità di successo e q=1-p le probabilità di fallimento. Se R rappresenta le ricompense socialmente costruite collegate al successo, queste per definizione aumentano nella misura in cui la probabilità di fallimento cresce ($dR/dq>0$). Pertanto i benefici che il terrorista si aspetta aumentano, precisamente, con l'aumento dei rischi.

Questo significa che, diminuendo la possibilità di successo p, in realtà si *aumenta* il beneficio netto che il terrorista si aspetta, almeno finché la possibilità di aumentare la ricompensa R rimane sufficientemente elastica, secondo la formula:

$$(dR/dq)\,(qR) > q/p.$$

Capitolo 2

L'offerta: economia dell'impresa terrorista

Nel primo capitolo abbiamo ricavato dalla sociologia delle religioni numerosi elementi sulla domanda di estremismo religioso e sulla personalità del terrorista suicida. Cercheremo ora di porci dal lato dell'offerta, e ricavare dalle scienze economiche un corpus teorico che integri i fatti e li collochi nella cornice che proponiamo di chiamare «mercato dei martiri». Questo «mercato» è una realtà tipicamente economica, in quanto emerge da scelte razionali che riguardano, fra l'altro, la produzione, il consumo, lo scambio, la cooperazione e la concorrenza. Per altri versi il mercato dei martiri è diverso dai tipici mercati di beni e servizi, e – come si è accennato – non ha neppure molto in comune con i modelli di mercato atipici che gli economisti hanno talora sviluppato per spiegare la criminalità organizzata, la diffusione del suicidio o la guerra civile. Se vogliamo cercare dei paralleli, dobbiamo piuttosto rivolgerci alla teoria dell'economia religiosa e alle conclusioni cui questa teoria è pervenuta con riferimento a mercati specificamente religiosi.

L'incontro fra domanda e offerta

Come si è accennato nell'introduzione, «mettersi dal lato dell'offerta» ha costituito, propriamente, la svolta metodologica della teoria dell'economia religiosa, mentre altri accostamenti postulavano elusive variazioni della domanda. C'è, naturalmente, un certo grado di arbitrarietà nel chiamare un lato del mercato «domanda» e l'altro «offerta». Chi offre beni e servizi nello stesso tempo «cerca» consumatori e denaro. Nei manuali di economia da che parte stia la domanda, e da quale l'offerta, è oggetto di scelte terminologiche costanti quando determinati beni sono offerti in cambio di denaro. In situazioni più complesse, in cui prodotti e servizi sono scambiati con altri prodotti e servizi, e la produzione assume aspetti collettivi, ciascuna parte si pone insieme dal lato della domanda e da quello dell'offerta. Identificare l'offerta – e anche «mettersi dal lato dell'offerta» – diventa una questione di scelta e di prospettiva. In materia di religione, la teoria dell'economia religiosa ha sempre chiamato «domanda» la posizione di chi è interessato ad acquisire beni simbolici di tipo religioso e li scambia con i suoi contributi personali, economici e non economici, in termini di impegno, partecipazione e servizio. Naturalmente – e forse tanto più nei casi di gruppi che reclutano estremisti – si potrebbe anche dire che c'è una «domanda» di membri da parte delle organizzazioni, e una «offerta» di impegno e sacrificio da parte di chi è reclutato.

Per chiarezza – e per coerenza con la teoria dell'economia religiosa – consideriamo qui le organizzazioni come poste dal lato dell'offerta, e i singoli membri come collocati sul versante della domanda. Entrambi gli autori hanno peraltro utilizzato anche terminologie diverse in precedenti lavori.

Consideriamo i gruppi del terrorismo religioso come imprese religiose che producono atti di violenza (rivolti contro terzi) e che offrono benefici sia materiali sia sociali e simbolici ai consumatori religiosi. I dirigenti del gruppo operano come manager e datori di lavoro, in quanto reclutano, addestrano e dirigono la forza lavoro (talora suicida) che funge da *input* e che a sua volta garantisce l'*output* violento del lavoro dell'impresa. Clienti e investitori esterni per cui questo *output* è interessante e utile sono la fonte principale dei fondi richiesti per mandare avanti l'impresa. Naturalmente, siamo coscienti che l'analogia con una normale impresa commerciale è in qualche modo imperfetta, ma preferiamo non affaticare il lettore mettendo costantemente tra virgolette tutti i termini derivati dall'economia aziendale.

Trovare persone disposte a lavorare – cioè a morire – per questo tipo di impresa sembrerebbe la grande sfida posta ai manager delle imprese terroriste. Posto il carattere per definizione patologico del suicidio e dell'omicidio, non è sorprendente che quasi chiunque – la stampa, il pubblico, gli uomini politici e molti studiosi – consideri il reperimento di una forza lavoro adeguata il problema centrale del terrorismo suicida. Applicando la teoria dell'economia religiosa ci sforzeremo però di dimostrare che questo è un modo sbagliato di interpretare la situazione, che si concentra sul lato sbagliato del mercato e che porta anche a strategie sbagliate di risposta al terrorismo.

L'offerta di estremismo

Nel capitolo precedente abbiamo constatato l'esistenza di una *domanda* di estremismo religioso radicale diffusa in una nicchia piccola ma non inesistente del mercato religioso. Ma una buona analisi economica deve considerare sia la domanda sia l'offerta. Nel caso del terrorismo suicida l'*offerta* di estremismo da parte delle organizzazioni e dei movimenti ha ricevuto assai meno attenzione della domanda di esperienze e impegno religioso estremi da parte di singoli candidati al martirio. Gli aspetti strutturali del «mercato dei martiri» non hanno finora ricevuto alcuna attenzione. Le discussioni sui metodi, i motivi e la psicologia dei terroristi hanno dominato il discorso sul terrorismo suicida: proprio come i metodi, i motivi e la psicologia dei cosiddetti «adepti delle sette» avevano dominato il discorso sui nuovi movimenti religiosi negli anni 1970. Nel caso delle «sette» conclusioni errate a proposito dei membri avevano portato a un modo altrettanto errato di considerare le organizzazioni di cui facevano parte. I dirigenti erano considerati come a) irrazionali: paranoici, schizofrenici o semplicemente «matti»; b) avidi di potere: interessati soltanto all'autorità, all'ammirazione e alla fama; c) avidi di lusso, ricchezza e sesso; d) arrabbiati, gelosi, in preda al timore o all'odio, frustrati, sempre in cerca di una vittoria o di una vendetta contro i concorrenti, i nemici o l'ordine sociale in generale.

Gli stessi errori hanno confuso molti studiosi quando si sono trovati di fronte ai movimenti, e in particolare ai leader, delle organizzazioni che rispondono alla domanda di estremismo religioso con un'offerta adeguata e reclutano, addestrano e dirigono i terroristi suicidi. Dopo essersi resi conto che i terroristi di al-Qā'ida o di Hamās hanno poco in comune con Timothy McVeigh (1968-2001), il terrorista responsabile dell'attentato del 19 aprile 1995 contro un edificio federale di Oklahoma City (168 morti), o con Theodore Kaczynski, l'Unabomber − fanatici solitari guidati dai propri personali incubi −, giornalisti e studiosi hanno cominciato a parlare del fanatismo dei gruppi terroristi e delle ossessioni dei loro dirigenti. Decenni di studi sull'estremismo religioso permettono però di considerare piuttosto i leader dei movimenti estremisti come *imprenditori sociali* la cui creatività, capacità di «vendere» e doti di management danno forma a una *subcultura* che evolve attraverso l'interazione dei dirigenti, dei seguaci e dei terzi esterni al movimento (Stark 1991; Stark e Bainbridge 1979).

I modelli economici sono particolarmente adatti ad approfondire questa intuizione. La moderna teoria dell'azienda (talora chiamata «nuova teoria istituzionale») offre un buon punto di partenza. Benché i manuali accademici invitino tradizionalmente a studiare l'azienda sulla base di semplici funzioni produttive, nella realtà il processo di produzione è molto più complicato. Anche *output* molto semplici richiedono una pluralità di diversi *input* iniziali, numerosi passi intermedi e un immenso sforzo di coordinamento. Per limitare la portata e la complessità delle loro attività, le aziende ottengono «prodotti intermedi» da altre aziende, o in generale dal mercato di beni e di servizi, concentrandosi sulle poche attività che considerano meno costoso svolgere al loro interno (Williamson 1975).

Anzitutto, si tratta di *strutture complesse*. A differenza delle aziende che operano nella legalità, le imprese del terrorismo mettono i loro dirigenti e dipendenti di fronte alla continua minaccia della cattura, della prigione e anche dell'esecuzione. Questo non fa semplicemente aumentare i costi. Costringe l'azienda ad adottare strutture interne che sono più grandi, più complesse e più integrate in modo verticale di quanto sarebbe in teoria richiesto da un criterio di efficienza. Le aziende del terrorismo devono sopportare alti «costi di transazione» quando lavorano con altre aziende. Per evitare di essere scoperta, l'azienda terrorista deve condurre le sue transazioni di mercato attraverso canali complessi, clandestini e costosi. Evidentemente, questo è tanto più vero quando l'azienda cerca *input* di tipo specializzato come esplosivi o armi sofisticate.

L'appalto a terzi è costoso perché aumenta il rischio di scoperta attraverso la sorveglianza, le intercettazioni telefoniche, il tradimento o la cattura dei responsabili dell'azienda terza cui una parte del processo è stata appaltata. L'integrazione verticale minimizza questi costi esterni, ma lo fa aumentando in modo considerevole la complessità dell'organizzazione, e richiede tra l'altro la divisione dell'azienda in molte unità secondarie autonome. La proliferazione di queste sotto-unità è tipica delle aziende terroriste e rivoluzionarie, che si trovano di fronte a rischi così gravi in caso di tradimento o di scoperta da essere praticamente obbligate a dividersi in un gran numero di cellule relativamente indipendenti; queste hanno d'altro canto il vantaggio di ridurre il fenomeno del *free rider*, perché quanto più una cellula è piccola tanto più identifica ed esclude rapidamente i *free rider*.

La «produzione» di terrorismo è il risultato di un *lavoro di squadra*. I costi e la complessità del processo sono ulteriormente aumentati dalla necessità che l'azienda identifichi una domanda di estremismo tale da fornirgli lavoratori disposti a uccidere e a morire. Non si trovano persone simili tramite le agenzie di collocamento, e perfino reclutare un killer professionista negli ambienti della criminalità organizzata è relativamente più semplice. I terroristi suicidi devono essere «prodotti» attraverso un *processo sociale* che comprende il reclutamento, l'interazione con il gruppo e l'addestramento. Sforzi davvero notevoli sono richiesti per costruire una sufficiente lealtà, mantenere l'obbedienza e prevenire le defezioni. La richiesta di sacrifici più grandi comporta un reclutamento più selettivo, un addestramento più intenso, un'attività di gruppo più estesa. Non tutte le strutture di gruppo sono sufficienti. Perché il processo abbia successo occorrono regole forti, confini sociali tracciati in modo netto, dure sanzioni per la disobbedienza, gerarchie da tutti riconosciute. Come vedremo, queste caratteristiche si trovano più facilmente – anche se *forse* non esclusivamente – nei gruppi *religiosi*.

La presenza del *free rider*, cui si è già fatto cenno, è la maledizione dell'azione collettiva, e il problema è ancora più grave per le organizzazioni terroristiche, dove il fallimento porta quasi inevitabilmente alla prigione o all'esecuzione. L'azienda terrorista si trova di fronte a difficili dilemmi. I gruppi più grandi imbarcano più facilmente *free rider* e sono relativamente più semplici da identificare e da infiltrare. I gruppi più piccoli richiedono un maggiore supporto esterno e possono incontrare maggiori difficoltà nell'identificare, reclutare e addestrare «martiri» di cui si sia sicuri che non abbandoneranno il gruppo o falliranno. Altri problemi interni sono quelli delle lotte per la leadership e degli scismi, che sono piuttosto frequenti e che non possono essere risolti nei tribunali, né evitati attraverso adeguate strategie legali, come avviene in molte altre organizzazioni. Se il «mercato» appare profittevole, attirerà anche aziende concorrenti, che in questo settore non avranno nessuna ragione di comportarsi in modo leale. Al con-

trario, potranno cercare di bloccare le fonti di reclutamento dell'azienda, usurpare il merito dei suoi successi, favorire lo spionaggio e la defezione, collaborare con
le autorità, o anche uccidere i dirigenti rivali.

L'alto costo associato alla presenza di personale
incompetente, inaffidabile o dal carattere instabile
porta a prevedere che i terroristi suicidi saranno piuttosto relativamente bene educati, di mente salda, bene
inseriti nella società: un profilo che, come abbiamo
visto, gli studi empirici hanno la tendenza a confermare. Quand'anche fosse vero che è più facile trovare
volontari tra i poveri, gli ignoranti, i disperati, o le frange ai margini della società, per un'azienda terrorista
sarebbe troppo rischioso affidarsi a queste persone.
Nessuna organizzazione razionale si affida a personaggi marginali, instabili, schizofrenici quando è letteralmente questione di vita o di morte e l'esistenza stessa
del movimento è in gioco.

Infine, anche quando tutti gli altri problemi sono
stati risolti, l'azienda terrorista può non trovare un
modo efficiente di «vendere» il suo prodotto. Forse può
sembrare ardito chiamare i frutti del terrorismo suicida
un «prodotto», ma chiaramente le organizzazioni terroriste operano avendo presente una «clientela». Questa
«clientela» deve essere convinta che il «prodotto» offerto dal terrorismo suicida rappresenta un valore. E la
convinzione deve essere creata con tecniche diverse da
quelle consuete del marketing e della pubblicità, perché
– naturalmente – l'azienda terrorista deve continuare a

operare in modo che la sua struttura e i suoi dirigenti non cadano nelle mani delle autorità.

Perché la religione

I potenziali ostacoli al successo del terrorismo suicida, dal punto di vista dell'analisi economica, sono così grandi da far sorgere la domanda come mai organizzazioni di questo genere riescano a formarsi e a sopravvivere. La risposta è che nella maggioranza di questi gruppi *la religione* ha un ruolo cruciale. Si afferma che due importanti eccezioni sono i kamikaze giapponesi nella seconda guerra mondiale e le Tigri Tamil nello Sri Lanka. Anche un certo numero di gruppi terroristi di matrice comunista ha fatto ricorso, in diversi paesi del mondo, al terrorismo suicida. Si può tuttavia ipotizzare – benché i casi specifici avrebbero bisogno di essere approfonditi – che la religione, o un suo equivalente funzionale, abbia avuto un ruolo anche in questi casi. A prescindere dalle differenze evidenti fra i kamikaze giapponesi (che erano militari di un esercito in guerra) e i terroristi suicidi dell'ultra-fondamentalismo islamico (che appartengono a organizzazioni *private*), i legami fra religione e nazionalismo nel Giappone della seconda guerra mondiale sono evidenti. È possibile che i kamikaze avessero in comune una visione del mondo *religiosa*, o anche che – sulla base del culto dell'Imperatore – percepissero una stretta unità fra religione e politica.

Lo stesso carattere «laico» o «secolare» delle Tigri Tamil è stato revocato in dubbio da diversi specialisti. Certo, almeno la branca maggioritaria delle Tigri è ufficialmente marxista-leninista, quindi in tesi *anti*-religiosa. Tuttavia, si potrebbe anzitutto fare riferimento a un'antica discussione sul carattere religioso o quasireligioso del marxismo come ideologia, e particolarmente delle piccole «sette» marxiste. Inoltre, le Tigri Tamil ufficialmente «laiche» operano all'interno della minoranza induista dello Sri Lanka che è in lotta contro la maggioranza buddhista. Molti dei riferimenti ideali e retorici della guerra civile, che è in corso nello Sri Lanka fin dall'indipendenza (1948), evocano il duro scontro fra induismo e buddhismo: quest'ultimo è stato storicamente ridotto, con mezzi talora assai violenti, a una minoranza in India mentre rimane maggioritario nello Sri Lanka. Michael Radu (2003) ha sostenuto che il terrorismo delle Tigri Tamil – come quello curdo di matrice marxista – ha un aspetto «religioso» non dichiarato, ma facilmente riconoscibile dietro le parole d'ordine comuniste.

La religione opera come risorsa e offre soluzioni a molti dei problemi apparentemente insolubili che le aziende terroriste si trovano ad affrontare (Berman 2003). Non una sola, ma diverse fra le molteplici caratteristiche delle religioni assumono un ruolo. Consideriamo, per esempio, il contenuto *soprannaturale* che, secondo Stark, è la caratteristica che definisce la religione (Stark e Bainbridge 1985; Stark e Finke 2000).

Si può non credere all'affermazione di un sacerdote, pastore o *imām* secondo cui l'azione A porta alla ricompensa nell'Aldilà R, ma almeno una cosa è sicura: nessun sistema veramente «secolare» può offrire la minima speranza relativamente a questo fattore R. Si tratta, qui, di una versione della scommessa di Blaise Pascal (1623-1662), riproposta nei termini dell'economia moderna (Iannaccone 1999). Nel «mercato dei martiri», un'*azienda religiosa* che può promettere in modo credibile immensi vantaggi R a coloro che offrono la loro vita gode, *ceteris paribus*, di ovvi e notevoli vantaggi rispetto ai suoi concorrenti non religiosi.

Il potere motivante dell'Aldilà (comprese, forse, le famose vergini del Paradiso musulmano) è stato notato spesso da giornalisti, accademici e anche economisti. Già Adam Smith (1723-1790) aveva intuito l'importanza critica del fattore religioso nei comportamenti utilitaristici (Smith 1759). Azzi ed Ehrenberg (1975) hanno insistito sulle motivazioni relative all'Aldilà nel loro studio pionieristico della pratica religiosa. Wintrobe (2003, 2004) ha applicato gli stessi criteri alle motivazioni dei terroristi suicidi e ha parlato specificamente di una «domanda di terrorismo». Tuttavia, anche a questo proposito, occorre considerare non solo la domanda, ma anche l'offerta di nozioni sull'Aldilà. Le *credenze* al Paradiso o all'Inferno, che si situano sul versante di una «domanda di Aldilà», sono così diffuse – almeno in certe società – che non possiamo utilizzarle come elemento discriminante per identificare i candidati al martirio. Anche se i dati in Europa sono diversi, negli Stati Uniti l'80% della popolazione adulta afferma di credere all'esistenza del Paradiso e più del 70% a quella dell'Inferno. Secondo Moaddel (2003) in Egitto, Giordania e Iraq almeno il 94% della popolazione crede all'esistenza del Paradiso e dell'Inferno. Ma sono poche le *organizzazioni* veramente capaci di venire incontro a questa domanda con una «offerta di Aldilà» in grado di confermare e rinforzare queste credenze e modellare il loro contenuto. Ne consegue che le aziende del terrorismo suicida hanno forti incentivi a stipulare alleanze con organizzazioni religiose, particolarmente con quelle capaci di generare credenze nell'Aldilà straordinariamente forti. L'azienda terrorista va alla ricerca di una «nicchia nella nicchia» all'interno dell'ultra-fondamentalismo, ma può affermarsi e sopravvivere solo collegandosi ai network preesistenti della subcultura ultra-fondamentalista in cui vuole operare.

I vantaggi della religione vanno al di là del reclutamento dei martiri. Le organizzazioni religiose «forti» – quelle che richiedono più sacrifici e che si situano nelle nicchie fondamentalista e ultra-fondamentalista del mercato religioso (Introvigne 2004) – sono particolarmente capaci di evitare i problemi di *free riding*, e quindi di produrre beni collettivi. Le richieste piuttosto impegnative di un gruppo ultra-fondamentalista, che impone ai suoi membri alti costi, riducono il *free riding* sia filtrando i nuovi membri, sia aumentando il tasso di impegno di coloro che sono entrati nel movimento. Come Iannaccone (1992) e altri hanno mostrato, i benefici collettivi di questa strana ma efficace strategia spiegano sia il successo di gruppi ultra-fondamentalisti che implicano alti costi per i loro membri, sia le loro caratteristiche distintive. Queste ultime comprendono stili di vita peculiari, alti livelli di impegno e di coinvolgimento nel gruppo, forti legami sociali all'interno del gruppo e ostacoli alla socializzazione all'esterno; un chiaro confine fra membri e non membri; la rivendicazione del possesso di una verità assoluta; punizioni per la violazione delle norme del gruppo; un ampio spettro di attività «dalla culla alla bara» che offrono sostituti per i beni, i servizi, i benefici sociali che i non membri ottengono normalmente attraverso gli scambi di mercato.

Si è spesso ritenuto che i gruppi ultra-fondamentalisti, con gli alti costi che richiedono, attraggano particolarmente persone con possibilità limitate di carriera nel mondo esterno. Gli studi sui nuovi movimenti religiosi inducono a presentare questa conclusione in modo più sfumato. Si tratta piuttosto di possibilità di carriera *relativamente*, non *assolutamente* limitate. L'incompetenza o l'incapacità di stabilire normali relazioni sociali rendono una persona poco produttiva anche in un'organizzazione ultra-fondamentalista, non solo nel mondo esterno. Inoltre il *costo relativo* della partecipazione a un movimento estremista può essere considerato meno oneroso per alcune categorie di persone ricche e colte: per esempio i classici membri delle «sette» degli anni

1970 che erano giovani, single, non ancora avviati a una carriera (oltre che – come si sarebbe scoperto solo più tardi – non intenzionati a rimanere nelle «sette» molto a lungo).

Per i gruppi terroristi i vantaggi di un radicamento nella religione di tipo ultra-fondamentalista sono evidenti. Si tratta di gruppi che devono evitare assolutamente il problema del *free rider*, che rischia di portare in prigione – o peggio – l'intera organizzazione. Sono anche gruppi la cui stessa sopravvivenza è messa in pericolo da ogni transazione con soggetti esterni. Quasi tutte le caratteristiche delle forme religiose ultra-fondamentaliste sono benefiche per le aziende del terrorismo religioso, mentre non sarebbe esatto dire che sono benefiche per una qualunque azienda commerciale in genere. L'analisi di Berman (2003) relativa ad Hamās, ai talebani afghani e ad alcuni gruppi ultra-fondamentalisti ebraici mostra come le strategie ultra-fondamentaliste di impegno collettivo aumentino l'efficacia di questi gruppi sul piano militare, sia in teoria sia in pratica.

Né si tratta dei soli benefici che la religione offre. Se un gruppo terrorista riesce a collocarsi all'interno di un più ampio movimento o network ultra-fondamentalista, ha immediatamente accesso a una rete di fedeli leali che: a) probabilmente non tradiranno i loro correligionari; b) sono già abituati alle esigenze di una vita rigorosa; c) sono immersi in un insieme condiviso di credenze soprannaturali; d) e quindi sono candidati ideali al reclutamento. L'ambiente ultra-fondamentalista offre anche una fonte naturale di finanziamento e di «pagamenti» per i servizi resi dal gruppo terrorista, cui pochi si sottraggono perché ci sono pochi *free rider*. Queste circostanze ci aiutano a capire i successi di un gruppo come Hamās, le cui cellule impegnate nelle attività terroriste costituiscono una piccola porzione di una più ampia struttura (solidale con i terroristi) che è considerata da molti in Palestina un'organizzazione religiosa fondamentalista, ma legittima, che mobilita risorse collettive per produrre istruzione religiosa (e anche secolare), gestione di scuole, ospedali, partecipazione politica e altri servizi.

Un gruppo terrorista trae anche benefici dalla capacità di posizionarsi all'interno di una più ampia *tradizione religiosa* diversa da quella dei suoi nemici. Il sostegno e la simpatia (o almeno l'assenza di antipatia) avranno maggiori possibilità di diffondersi in un'intera ampia subcultura. Ci sarà una simpatia diffusa per i danni inflitti al nemico «pagano» o «infedele». Il nemico avrà molte più difficoltà a penetrare all'interno dell'organizzazione del gruppo e nei network circostanti perché, per ottenere questo scopo, dovrebbe imparare a muoversi in una subcultura diversa dalla sua. I membri della tradizione religiosa – o della sotto-tradizione fondamentalista – offriranno anche al gruppo terrorista l'accesso a istituzioni normalmente considerate legittime (per esempio le moschee), e a network internazionali che facilitano la trasmissione di informazioni, persone, armi e fondi.

Abbiamo elencato molte ragioni a sostegno dell'importanza cruciale della religione per il funzionamento delle aziende del terrorismo suicida. Naturalmente, nessun fenomeno complesso – compreso il terrorismo suicida – può essere ridotto a spiegazioni monocausali. Tuttavia, ci sembra anche sbagliato arrendersi semplicemente di fronte alla complessità. Affermare che per spiegare un fenomeno occorre fare riferimento a una serie tendenzialmente infinita di fattori significa non spiegarlo affatto. Noi riteniamo che nel terrorismo suicida il fattore religioso non costituisca una spiegazione fra le tante ma la *spiegazione principale*, ancorché non unica. In effetti, una caratteristica specifica della religione è la sua natura di sistema globale, che si occupa di tutte le attività umane e non solo di alcune. In questo senso uno degli autori ha utilizzato in passato per la religione il termine economico di «tecnologia generale», per indicare come non ci sia letteralmente *nulla* che cada al di fuori dei limiti teorici di un processo di produzione e di scambio soprannaturale (Iannaccone 1999). Le conseguenze di questa caratteristica della religione sono molto importanti per la nostra discussione.

Sia in linea di principio sia in pratica, le persone si rivolgono alla religione per qualunque tipo di necessità: la salute, la ricchezza, la salvezza, il potere, una vita felice, l'immortalità, l'estasi, la vittoria militare e in qualche caso perfino la soddisfazione sessuale. Le grandi tradizioni religiose si sviluppano in immensi sistemi di credenze, comportamenti e istituzioni che si occupano di ogni concepibile attività e preoccupazione umana. Le organizzazioni religiose forti, contrapposte a quelle deboli più tipiche delle nicchie progressiste o *liberal* del mercato religioso, non si specializzano quasi mai in un numero limitato di necessità e bisogni. I terroristi che riescono a inserirsi in network religiosi più ampi usano a proprio vantaggio questa enorme differenziazione di *output*, realizzando qualche cosa di simile al fenomeno economico del *bundling*. Nel *bundling* i consumatori sono convinti a pagare un prezzo relativamente alto a un venditore che vende loro insieme – rapidamente e con relativa comodità – una pluralità di prodotti: l'abbonamento a una rivista, i biglietti per una serie di spettacoli teatrali, e forse anche un viaggio a Disneyland. Così, nel *bundling* religioso, il consumatore di beni religiosi acquista da una stessa fonte un gran numero di beni simbolici diversi: rituali, attività, esperienze emotive, status, onore, identità, la prospettiva di una ricompensa eterna – e forse anche l'introduzione a network di carattere politico. Un gruppo religioso che offre un solo tipo di bene o di esperienza è molto più fragile, e rischia la defezione dei membri che si stancano di quell'unico prodotto o attività.

Per essere completi – ed equi – dovremmo anche citare i molti modi in cui le religioni possono frapporre ostacoli al terrorismo. In molte epoche e in molti luoghi – anzi, nella maggioranza – l'impegno, gli insegnamenti e le istituzioni religiose tendono a *limitare* la violenza individuale, sociale e di gruppo. Quando si parla di terrorismo religioso si deve sempre notare che il terrorismo nelle religioni è *molto meno* frequente che non in ideologie secolari come il nazionalismo, il comunismo o il nazionalsocialismo, o anche in una serie di processi e di ideologie associate a rivendicazioni di carattere etnico. Il punto, in questo lavoro, non è se la religione aumenti o diminuisca il rischio di guerra, violenza o terrorismo. È invece quello di dimostrare che la religione *può* fornire, e *di fatto* fornisce, il carburante necessario al funzionamento di quella macchina che definiamo «mercato dei martiri», una macchina che ha molte più difficoltà a funzionare con carburanti non religiosi.

Vi è, inoltre, un equivoco che deve essere dissipato. La nostra analisi mostra come esista una domanda di estremismo religioso radicale *latente* che offre personale al terrorismo soltanto nelle circostanze in cui si incontra con un'offerta adeguata da parte delle aziende terroriste. Gli scopi *dei singoli terroristi* sono a nostro avviso di natura principalmente, anche se non esclusivamente, religiosa. I candidati al martirio mirano a ottenere benefici di natura specificamente religiosa. Gli scopi *delle organizzazioni* non coincidono con gli scopi dei singoli candidati al martirio, e richiedono analisi assai più complesse. Abbiamo visto come le organizzazioni traggano la loro forza dall'inserimento in network a loro volta religiosi. Ma lo scopo delle organizzazioni non è solo quello di garantire il Paradiso ai loro membri. Al contrario, anche quando i dirigenti hanno motivazioni personali evidentemente religiose, le organizzazioni operano secondo una logica costi/benefici riconoscibile e spesso rigorosa. Come ha mostrato Pape (2003), le aziende del terrorismo suicida non solo si prefiggono scopi specifici molto concreti, ma spesso li ottengono. Ricorrono al terrorismo suicida perché, in un certo senso, «funziona». A più riprese Hamās ha operato con l'intenzione specifica di impedire la prosecuzione di trattative di pace fra l'Autorità Nazionale Palestinese e Israele, e spesso è davvero riuscita a farle fallire o interrompere. Campagne di terrorismo insistente e mirato hanno indotto governi a concessioni che diversamente non avrebbero neppure preso in considerazione. Senza entrare in un dibattito complesso, lo scopo – annunciato in documenti che risalgono almeno al dicembre 2003 – dei terroristi dell'11 marzo 2004 di influire sulle elezioni spagnole e di favorire il ritiro delle truppe spagnole dall'Iraq è stato certamente raggiunto *dal punto di vista degli stessi terroristi*, e forse anche da altri punti di vista. L'attentato del 2 maggio 2004, in cui una donna incinta di otto mesi e le sue quattro figlie rispettivamente di undici, nove, sette e due anni sono state uccise mentre era in corso il referendum tra gli iscritti al Partito Israeliano Likud sul piano di ritiro da Gaza del primo ministro Ariel Sharon ha certamente ottenuto l'effetto, voluto dai terroristi, di tenere molti membri del partito lontani dalle urne e di fare prevalere il voto contrario al piano. E così via.

Perché l'islam

Molti studi dell'estremismo religioso perdono di vista un elemento cruciale: questo tipo di estremismo porta *molto raramente* alla violenza. Migliaia di «sette» e movimenti fondamentalisti fioriscono in ogni regione del globo e nelle più disparate tradizioni religiose. Credenze e comportamenti devianti coprono ogni concepibile aspetto della vita umana e spesso richiedono un livello sorprendentemente alto di sacrificio e di obbedienza. Eppure pochi gruppi religiosi estremisti commettono atti criminali, meno ancora ricorrono alla violenza, e i movimenti che incoraggiano il suicidio e l'omicidio si contano sulle dita di una mano. È inevitabile che le eccezioni siano seguite con enorme attenzione dai giornalisti, dagli studiosi e dall'opinione pubblica in generale: ma questo avviene precisamente perché si tratta di casi eccezionali.

Per acquisire una prospettiva statistica, consideriamo che gli Stati Uniti ospitano diverse *migliaia* di movimenti religiosi (Melton 1986, 2003), ma negli ultimi cinquant'anni possiamo accusare con certezza solo due leader di avere ordinato omicidi: Jim Jones (1931-1978) in Guyana nel 1978, e David Koresh (1959-1993) a Waco nel 1993, e in quest'ultimo caso nel corso di un conflitto non iniziato dai suoi seguaci e a proposito del quale la cattiva gestione da parte delle autorità è apparsa evidente a tutti gli studiosi (Wright 1995). Si può aggiungere il caso del culto dei dischi volanti

Heaven's Gate (Introvigne 1997a): ma nella fine di questo movimento, avvenuta a Rancho Santa Fe in California nel marzo 1997, ci sono stati solo suicidi e non omicidi. Il rimanente 99,9% dei movimenti religiosi radicali (di cui fa parte il 99,99% dei membri di questi gruppi) non è stato coinvolto in omicidi o suicidi. Gli stessi satanisti *organizzati* – da non confondere con bande di balordi o individui isolati che si dichiarano adoratori di Satana e che sono in effetti pericolosi – non hanno commesso neppure un singolo omicidio nella loro storia ormai quasi quarantennale (Richardson, Best e Bromley 1991). Tenere a mente questi fatti è utile quando ci si trova di fronte a titoli come *Terroristi in nome di Dio* (Juergensmeyer 2001) o *La battaglia per Dio* (Armstrong 2001).

Gli studi sull'estremismo religioso soffrono tipicamente di errori di campionamento, in quanto si concentrano sui pochi gruppi violenti e ignorano la grande maggioranza non violenta; e di pregiudizi interpretativi, perché mettono sullo stesso piano la *retorica* violenta di molti gruppi con le *azioni* violente di pochi. Juergensmeyer (2001) offre diverse informazioni utili, ma ha il torto di strutturare i capitoli del suo libro (certo in modo oggi «politicamente corretto») in modo da mostrare «culture di violenza» del tutto parallele fra i cristiani, i musulmani del Medio Oriente, gli ebrei e gli induisti. Eppure, in contrasto con la cultura musulmana militante di Hamās, di al-Qā'ida, degli Hizbullāh e di altri gruppi simili, la «cultura della violenza» nel cristianesimo americano si compone di pochi individui colpevoli di attentati contro le cliniche e i dottori che praticano l'aborto. Costoro non hanno ricevuto nessun sostegno istituzionale e le loro azioni sono state condannate – come oggi si dice – «senza se e senza ma» praticamente da tutti i leader cattolici e protestanti conservatori degli Stati Uniti, *compresi* quelli che si oppongono con maggiore veemenza all'aborto. Per la verità Juergensmeyer ci offre come esempio di «cultura della violenza» cristiana anche Timothy McVeigh, l'attentatore di Oklahoma City, a proposito del quale una lunga inchiesta non ha trovato tuttavia prove di contatti con nessun gruppo religioso organizzato.

Per quanto queste conclusioni possano essere impopolari o sgradevoli, quello che merita la nostra attenzione è il contrasto tra l'ultra-fondamentalismo islamico, che sfocia spesso nella violenza, e l'ultra-fondamentalismo cristiano, che nella stragrande maggioranza dei casi rimane non violento. Le poche somiglianze, piuttosto tirate per i capelli, sono decisamente meno interessanti delle differenze. Anche in questo caso, «mettersi dal lato dell'offerta» risulta decisivo. Tra i cattolici e i protestanti conservatori negli Stati Uniti milioni di persone considerano l'aborto un omicidio, l'accettazione dell'aborto immorale e la legalizzazione dell'aborto una grave ingiustizia. Una teologia ostile all'aborto è predicata tutte le domeniche nella maggioranza delle chiese americane (anche se naturalmente non ne mancano altre – che sono però minoritarie – di opposto orientamento). Decine di migliaia di attivisti anti-abortisti cristiani dedicano una parte sostanziale del loro tempo e del loro denaro alla lotta contro l'aborto. All'interno di questi gruppi esiste certamente una *latente* domanda di estremismo, *potenzialmente* disponibile a raccogliere anche appelli alla violenza. Ma il passaggio dalla potenza all'atto, cioè la trasformazione di una domanda di estremismo potenziale o latente in attività violente di tipo terroristico contro cliniche e dottori abortisti è minima, anzi è ormai vicina allo zero, perché non esistono *organizzazioni* cristiane attive in modo sistematico sul mercato del reclutamento, dell'addestramento e dell'organizzazione di attività terroristiche anti-abortiste.

Non sosteniamo affatto che presso una minoranza di cristiani americani non esista una *domanda* di estremismo religioso disposta a spingersi fino alla violenza (anzi, casi individuali – pure limitati – confermano che questa domanda potenzialmente esiste). Ma la domanda rimane allo stato potenziale perché, di fatto, non incontra un'*offerta* adeguata. La realtà sociale, legale, economica e politica degli Stati Uniti rende l'opzione del terrorismo impraticabile per le imprese che operano sul mercato religioso americano. Qualunque Chiesa o singolo predicatore che inneggiasse alle bombe contro le cliniche o alle uccisioni dei dottori abortisti – per non parlare di chi più o meno apertamente le organizzasse – perderebbe la sua reputazione, la sua influenza, i suoi membri e i suoi finanziamenti in pochi giorni, e si esporrebbe con probabilità altissime alla denuncia e all'incarcerazione. Negli Stati Uniti qualunque organizzazione religiosa che predicasse apertamente il terrorismo sarebbe condannata al disastro.

Certamente non tutti i musulmani sono fondamentalisti e non tutti i musulmani fondamentalisti sono terroristi (cfr. Introvigne 2001, 2004). Tuttavia, a differenza di quanto avviene nel mondo cristiano negli Stati Uniti o altrove, nel mondo islamico – particolarmente (ma non esclusivamente) in Medio Oriente – la domanda di estremismo religioso disposta a percorrere la strada della violenza (che, questa sì, esiste *potenzialmente* in ogni religione) incontra un'*offerta* adeguata. Esistono cioè *organizzazioni* che beneficiano del sostegno almeno passivo di vasti network all'interno della tradizione religiosa di cui fanno parte e che reclutano, addestrano e organizzano i terroristi suicidi. Dobbiamo dunque chiederci – trascurando, in questa sede, indagini parallele che potrebbero coinvolgere l'ebraismo, l'induismo e il buddhismo (dove gruppi terroristi esistono, ma le loro dimensioni quantitative sono minori rispetto al mondo islamico) – perché nell'islam l'offerta di terrorismo sia molto più diffusa di quanto non avvenga nel cristianesimo.

Che cosa pensa l'islam del terrorismo? Occorre precisare da una parte che cosa si intende per terrorismo, dall'altra chi ha titolo a parlare in nome dell'islam. Si afferma spesso che ogni definizione di terrorismo è politica: chi per una parte è un terrorista per la parte opposta è un combattente per la libertà. Oggi però ci sono definizioni piuttosto precise del terrorismo nello stesso diritto internazionale, in particolare quella della *Convenzione internazionale per l'eliminazione dei finanziamenti al terrorismo* votata dall'Assemblea Generale delle Nazioni Unite il 9 dicembre 1999 e richiamata in numerosi testi successivi. Questa convenzione – che traduce in termini giuridici una nozione di terrorismo maggioritaria, anche se non unanime, nella letteratura accademica specializzata – definisce come «terrorismo» le attività non compiute da Stati o da governi che, secondo l'articolo 2 comma 1, «intendono causare la morte o un grave danno fisico a un civile o comunque a chi non prenda parte attiva alle ostilità in una situazione di conflitto armato quando lo scopo di queste attività – ricavato dalla natura o dal contesto – è quello di intimidire la popolazione, o di costringere un governo o un ente internazionale a porre in essere ovvero a non porre in essere un determinato comportamento».

Pertanto, dal punto di vista del diritto internazionale, non è terrorismo un bombardamento anche volto contro la popolazione civile da parte di un governo (si tratterà di crimini di guerra, ad altro titolo puniti dalle convenzioni internazionali), in quanto il terrorismo è atto proprio di organizzazioni *private*. Non è terrorismo l'attacco a una caserma di militari impegnati in una guerra, perché non si tratta di civili non combattenti. Viceversa, le attività di Hamās e della cosiddetta «resistenza» irachena (che sono organizzazioni private) sono atti di terrorismo quando prendono di mira civili, o anche soldati che non stiano prendendo parte attiva a un conflitto armato. È importante distinguere qui giudizio sul fine e giudizio sui mezzi. Il terrorismo è considerato dal diritto internazionale come sempre illecito, per quanto legittimo sia lo scopo che afferma di prefiggersi. Se qualcuno, al nobile scopo di protestare contro il regime nazionalsocialista, avesse fatto saltare in aria un ristorante bavarese pieno di pacifiche famigliole tedesche in gita domenicale, avrebbe compiuto un atto di terrorismo, non di resistenza legittima.

Una seconda premessa è che quella musulmana non è una religione organizzata in modo verticale, con una gerarchia che la rappresenta e che ha titolo a parlare in suo nome. La sua organizzazione è di tipo orizzontale: non c'è un'autorità unica – equivalente al Papa per i cattolici – ma una pluralità di persone ed enti a vario titolo autorevoli. Questo non significa, naturalmente, che tutte le opinioni musulmane si equivalgano. Mark Sedgwick (2004) distingue fra: *madhhab*, scuole giuridiche, che paragona alle «denominazioni classiche» protestanti del XX e XXI secolo (ciascuna delle quali non pensa di essere l'unica forma vera del protestantesimo e accetta di coesistere con le altre); *firqa*, «denominazioni nuove» che escono dal sistema dei *madhhab* nello stesso modo in cui, per esempio, gli avventisti o la Christian Science escono dal sistema delle denominazioni classiche protestanti; *tā'ifa* («nuovi movimenti religiosi» che si formano per innovazione o per importazione e che eventualmente potranno evolvere in una *firqa*), a loro volta da non confondere con le *tarīqa* del sufismo, sia tradizionali sia di nuova fondazione. La gran massa dei musulmani fa riferimento a un *madhhab*, e i *madhhab* non hanno autorità da tutti riconosciute. Dà grande rilievo ai dotti, agli *'ulamā'*, e a università particolarmente autorevoli (alcune delle quali, come l'Università al-Azhar del Cairo, hanno professori che appartengono a diversi *madhhab*), ma nello stesso tempo hanno legami molto stretti con le autorità statali di alcuni paesi. A rigore la *fatwā* (il responso) di uno o più giuristi non è vincolante se non per i loro discepoli diretti, ed è tanto autorevole quanto lo sono coloro che la firmano. Quanto al «fondamentalismo», le sue dimensioni gli hanno fatto superare la fase di *tā'ifa* e si tratta per alcuni di una *firqa*, per altri ormai di una quinta *madhhab* sunnita accanto alle quattro tradizionali hanafita, mālikita, shāfi'ita e hanbalita. Si afferma spesso che le cose sono molto più chiare nel mondo sciita dove, a differenza di quello sunnita, c'è un clero con un'autorità gerarchica. È vero: ma il sistema sciita funziona sulla base del primato fra le varie autorità del *marja'-i taqlīd* («fonte di emulazione»), e attualmente una buona ventina di candidati rivendicano questo titolo, così che si può anche affermare che ciascuno di essi è alla testa di una «denominazione», senza dimenticare l'autorevolezza di cui gode la Repubblica Islamica dell'Iran in tutto il mondo sciita.

Applichiamo ora queste premesse alla domanda su che cosa pensa l'islam del terrorismo. Se forme radicali di lotta sono state spesso praticate nella storia dell'islam, la modalità specificamente suicida del terrorismo è stata giustificata per la prima volta come «martirio» legittimo da autorità sciite – contestate all'epoca da altre sunnite –, prima nel contesto della lotta senza quartiere condotta dall'Iran contro l'Iraq di Saddam Hussein, quindi nel quadro dello scontro fra gli Hizbullāh sciiti del Sud del Libano e Israele. Solo a partire dal 1993 le «operazioni di martirio» sono adottate da un'organizzazione sunnita palestinese, Hamās, e ampiamente giustificate da autorità sunnite che ne approvano anche l'estensione alla Cecenia e al Kashmir (cfr. Khosrokhavar 2002; Introvigne 2003, 2004).

Molti esponenti autorevoli del mondo islamico hanno condannato Osama bin Laden e l'attentato dell'11 settembre, e non vi è ragione di mettere in dubbio la loro sincerità. Ma sono sufficienti queste condanne per concludere, come si afferma spesso, che le più autorevoli voci dell'islam ripudiano il terrorismo suicida *di per sé*, così che i suoi sostenitori farebbero effettivamente parte di nuovi movimenti religiosi in via di fuoriuscita dall'islam? Le cose non stanno proprio così. L'autorevole *shaykh* Muhammad Tantāwī, rettore dell'Università al-Azhar, che ha condannato in modo esplicito bin Laden, ha ripetutamente supportato gli attacchi di Hamās contro i civili in Palestina, e lo stesso è avvenuto per importanti leader di confraternite sufi in

Egitto (Burgat 2003, 30). Nello stesso senso vanno le *fatāwā* (responsi, plurale di *fatwā*) sulle «operazioni di martirio» in Palestina di Yūsuf al-Qaradāwī, un autorevole predicatore residente nel Qatar e frequente ospite della televisione al-Jazīra, vicino ai fondamentalisti Fratelli Musulmani ma anche interlocutore in iniziative di dialogo inter-religioso promosse da ambienti cattolici di primo piano (Cook 2002), e delle maggiori autorità sciite in Iran.

Queste *fatāwā* si basano sul principio secondo cui «l'intenzione è la giustificazione dell'azione»: una delle più citate, che riportiamo in appendice e di cui il probabile autore è lo *shaykh* saudita Hamūd bin 'Uqla al-Shu'aybī (1925-2002), un influente wahhabita ultra-tradizionalista, è stata pubblicata dopo che, il 9 giugno 2000, una giovane cecena, Hawa Barayev (1980-2000), aveva ucciso 27 soldati russi in un attentato suicida ad Alkhan Kala. Il principio tuttavia è interpretato in un senso diverso dalla tradizione islamica classica e assomiglia molto all'idea che il fine giustifica i mezzi. Ma non ogni fine: non è stato difficile infatti trovare autorevoli esponenti musulmani per condannare bin Laden (in quanto nel suo progetto di *jihād* «globale» lo scarto fra intenzione e azione appare a molti troppo grande); è più difficile trovarne per condannare il *jihād* «locale» di Hamās o del terrorismo ceceno, che incontrano ben poca opposizione religiosa o giuridica nel mondo islamico, perché i temi dell'attacco a Israele, e alla Russia in Cecenia, sono estremamente popolari. Tuttavia, una volta aperta la porta alla legittimità del terrorismo suicida nei casi particolari della Palestina o della Cecenia, diventa poi difficile chiuderla per altri scenari, compresi quelli proposti da al-Qā'ida.

Le incertezze si riflettono nelle opinioni del musulmano medio: secondo un sondaggio svolto nell'aprile 2004 in Marocco – uno dei pochi paesi islamici dove c'è una tradizione di rilevamenti d'opinione liberi e attendibili – il 55% non approva le attività di al-Qā'ida (una maggioranza peraltro non schiacciante), ma il 74% considera giustificati gli attentati suicidi compiuti da Hamās (*Il fronte marocchino* 2004). Non si può evitare di concludere che l'offerta di terrorismo suicida può presentarsi in modo più articolato, organizzato e persuasivo nell'islam rispetto ad altri contesti religiosi perché le imprese terroriste sono pesci che nuotano in un'acqua preesistente. Si inseriscono in un network fondamentalista e ultra-fondamentalista molto più ampio rispetto al sotto-network specificamente terrorista dove trovano simpatia, nuovi membri, appoggio e protezione. A sua volta, il network fondamentalista gode di *una certa* simpatia, tolleranza e anche giustificazioni teologiche – talora incerte e parziali, ma da cui i terroristi traggono comunque vantaggio – in un ambiente musulmano assai più ampio. Questa tolleranza deriva certamente dalle emozioni suscitate da situazioni come quella palestinese o cecena, che tuttavia non sono sufficienti a spiegarla interamente. La retorica di al-Qā'ida, per esempio, ha iniziato a menzionare la Palestina o la Cecenia piuttosto tardivamente. Per ultimo, spiegare la ragione per cui le aziende terroriste ultra-fondamentaliste trovano acqua in cui nuotare in una parte non minore del mondo musulmano (mentre non la troverebbero, e di fatto non la trovano, nel mondo cristiano) richiede sia un'attenta ricostruzione storica del percorso del fondamentalismo islamico (su cui cfr. Introvigne 2004), sia un'indagine sul dibattito teologico e antropologico all'interno dell'islam contemporaneo. Entrambe le indagini vanno al di là dello scopo che ci siamo prefissi per questo studio.

Capitolo 3

Combattere il terrorismo dal lato dell'offerta

Un'illusione: eliminare la domanda

Nella prima parte di questo studio abbiamo visto come sia molto problematico cercare di prevenire il terrorismo intervenendo sulla domanda. La domanda di esperienze estreme, e in particolare la domanda di estremismo religioso radicale, appare – come ogni forma di domanda religiosa – relativamente costante nello spazio e nel tempo. Una domanda spinta fino alla disponibilità all'omicidio e al terrorismo suicida interessa certo frange minime dei consumatori religiosi. Ma, come si è accennato, le aziende terroriste non hanno bisogno di migliaia di addetti, e immaginare che questo tipo di domanda possa essere azzerata è un'illusione.

Dal nostro primo capitolo emerge con grande chiarezza che migliorare la qualità della vita, lottare contro l'analfabetismo e diffondere la scolarizzazione, ridurre le sacche di povertà, aprire ospedali e servizi psichiatrici efficienti (una strategia seriamente tentata dagli Stati

Uniti in Arabia Saudita e altrove) – tutte attività utili,
benemerite, e che assicurano altri vantaggi molto
importanti – *non* elimina la domanda di estremismo
religioso radicale su cui contano le imprese terroriste.
Pensare il contrario significa immaginare che i terroristi
suicidi medi siano poveri, disperati, ignoranti e mentalmente instabili. Come si è accennato, questo errore è
stato compiuto in anni passati a proposito delle «sette»,
si ripete oggi per il terrorismo suicida e riposa su premesse empiriche di cui si può dimostrare in modo rigoroso il carattere errato. I paesi che danno il maggiore
contributo al terrorismo suicida di al-Qā'ida sono
l'Arabia Saudita e gli Stati del Golfo, i più ricchi nel
mondo islamico. Il medio terrorista *non* è reclutato fra
la frange povere, marginali, incolte e disperate della
popolazione. Diminuire la consistenza di queste frange
corrisponde certamente a un fine umanitario importante e lodevole. Ma, dal momento che non è qui che le
aziende terroriste reclutano la loro manodopera, è
improbabile che assesti colpi seri al terrorismo suicida.

Creare in Medio Oriente le condizioni per una vera e
stabile democrazia è a sua volta utile, ma di per sé non
garantisce il venire meno del terrorismo suicida. Le
aziende del terrorismo si sono dimostrate capaci di operare in paesi democratici, mentre al contrario hanno
avuto gravi difficoltà a trovare recluti in paesi ancor
meno democratici di quelli mediorientali, sia in Africa
sia in Asia. Il Marocco, un paese con una forma di democrazia almeno parziale, ha fornito un alto numero di ter-

roristi. Molti terroristi sono stati reclutati in Europa, dalla Germania all'Inghilterra e dalla Spagna all'Italia. È molto interessante notare che alcuni di loro *non si interessavano all'ultra-fondamentalismo* nei paesi di origine, ma hanno aderito a organizzazioni estremiste dopo essersi trasferiti nei paesi democratici dell'Occidente. Al contrario, paesi non democratici – o solo parzialmente democratici – a maggioranza islamica in Africa e in Asia hanno offerto un numero minore di reclute al terrorismo suicida. Si pensi al più grande paese del mondo per numero di musulmani, l'Indonesia, il cui sviluppo democratico è recente ed è passato attraverso molte incertezze. Certamente ci sono stati terroristi suicidi indonesiani: ma si contano sulla punta delle dita e sono in numero molto minore rispetto a quelli reclutati in Marocco, o anche in Germania e in Gran Bretagna.

Pensare di combattere il terrorismo esportando o creando benessere, cultura, democrazia significa ancora una volta porsi *dal lato della domanda*. Se la nostra analisi è esatta, è possibile ottenere in questo modo *qualche* risultato, ma cercare di influire sulla domanda significa perseguire uno scopo elusivo con esiti lenti e minimi. Non senza sottolineare, a costo di ripetersi, che la diffusione di benessere, democrazia e cultura risolve comunque un gran numero di *altri* problemi, diversi da quelli del terrorismo suicida, suggeriamo qui di affrontare il problema del terrorismo ponendosi anche specificamente *dal lato dell'offerta*.

Strategie anti-terrorismo dal lato dell'offerta

Cambiare le condizioni di mercato, cioè *intervenire sull'offerta*, sembra offrire le più promettenti possibilità di soluzione al problema del terrorismo suicida. Altre strategie, come abbiamo visto, possono aumentare i costi operativi delle aziende terroriste, o costringerle a strategie di sostituzione, ma consentono loro di continuare a operare e non eliminano né l'offerta, né le opportunità di «profitto» collegate a questa particolare economia religiosa. Chiaramente, non pensiamo, arrivando a questa conclusione, di avere offerto formule magiche per combattere il terrorismo suicida. Come ridurre o eliminare l'offerta – il che significa colpire le organizzazioni, ovvero rendere per esse non proficua la scelta del terrorismo suicida – non è facile e richiede probabilmente una pluralità di accostamenti diversi che non sono alternativi ma complementari. Il «mercato dei martiri» può fiorire solo quando diverse condizioni eccezionali si trovano a operare contemporaneamente. Queste comprendono – ma la lista non è esaustiva – un certo atteggiamento dei media (sia in Medio Oriente, sia in Occidente), la convinzione delle *organizzazioni* che le politiche di terrorismo suicida generano risultati concreti, la *fede dei singoli* nei benefici religiosi garantiti dalle «operazioni di martirio», l'inserimento dei candidati al martirio in una subcultura fondamentalista e in una più ampia cultura religiosa che li approva e li incoraggia, o almeno si astiene dal disapprovarli. Intervenire sul «mercato dei martiri», in ogni caso, significa conoscerlo e studiarlo, evitando facili ma rovinosi errori di interpretazione.

In questa sede possiamo solo limitarci a suggerire alcune piste di ulteriore approfondimento. Colpire l'offerta significa colpire le aziende terroriste. Dal momento che queste operano sul piano *militare*, la risposta non può che essere anche militare. Migliorare le difese, l'*intelligence*, la capacità di infiltrarsi nelle aziende terroriste, l'efficienza delle risposte operative riduce la capacità di queste aziende di presentare la loro offerta e di creare l'incontro con la domanda, senza dimenticare peraltro che il lavoro di *intelligence* affianca ma non sostituisce la risposta militare diretta. C'è anche un aspetto *finanziario*: colpire l'azienda terrorista implica paralizzare le sue forme di finanziamento, che spesso sono difficili da identificare o che – per esempio nel caso di Hamās – passano per branche caritative o politiche della stessa organizzazione che si affermano indipendenti dalla branca militare, ma di fatto operano come vasi comunicanti. Ancora, tutto questo non è nuovo ed è stato studiato sistematicamente in altri campi. Per ridurre il mercato della droga l'educazione preventiva dei giovani è certo utile. Tuttavia, nessuna educazione preventiva risolve completamente, da sola, il problema della droga. Paesi con programmi di educazione preventiva analoghi hanno percentuali di tossicodipendenti molto diverse. In questi casi, la domanda *potenziale* di droga è probabilmente simile in un paese rispetto all'altro. Le differenze vanno cercate *dal lato dell'offerta*, e dei maggiori o minori successi dell'uno o dell'altro paese nel reprimere l'offerta colpendo le organizzazioni. Si obietterà che il numero di persone che hanno un'opinione positiva della droga è minore rispetto a coloro che hanno simpatia per il terrorismo suicida in alcuni paesi a maggioranza islamica. Ma questo, semmai, rende ancora più rilevante il ruolo dell'offerta e delle organizzazioni.

In secondo luogo, abbiamo visto che le aziende terroriste non sono bande di fanatici folli che si comportano in modo totalmente irrazionale, ma attori sociali sostanzialmente razionali che partono da un calcolo ragionevole del rapporto fra costi e benefici, ricorrono al terrorismo suicida per ottenere risultati concreti e qualche volta li ottengono per davvero. La risposta *politica* al terrorismo, distinta e complementare rispetto a quella militare, dovrebbe convincere le aziende terroriste che gli attentati non pagano. Al momento, queste organizzazioni sono convinte del contrario e hanno qualche argomento per giustificare la loro convinzione. Qualunque concessione al terrorismo genera ulteriore terrorismo, perché l'azienda terrorista è indotta a ripetere pratiche che hanno dimostrato sul campo la loro capacità di dare risultati. È forse difficile convincere di questa evidente verità elettorati esasperati da troppi morti, ma è importante che la abbiano ben presente coloro cui è affidata la responsabilità delle scelte politiche.

Infine, la domanda cruciale – anche se non l'unica – che dovrebbe porsi chi imposta strategie contro il terrorismo è *con quali altre imprese religiose le aziende del terrorismo suicida siano in concorrenza*. Favorire e rafforzare questi concorrenti può diminuire la capacità delle aziende terroriste di creare l'incontro fra la loro offerta e la domanda. Se la domanda di esperienze religiose intense è già stata soddisfatta da altre offerte di tipo non terroristico, *non* incontrerà l'offerta dei terroristi. Gli autori hanno già affrontato altrove questa tematica, sia in generale (Iannaccone 1999), sia con riferimento specifico al mercato religioso intra-islamico (Introvigne 2004). Situazioni di tensione e di conflitto tendono a confondere i confini fra le nicchie ultra-fondamentalista, fondamentalista e conservatrice del mercato religioso. Le stesse aziende religiose cercano consumatori contemporaneamente in tutte e tre le nicchie. Si verifica così una concorrenza diretta fra aziende ultra-fondamentaliste (alcune delle quali hanno nella loro offerta anche il terrorismo), fondamentaliste e conservatrici.

Nel mondo islamico, in particolare, c'è oggi – per ragioni storiche complesse – una domanda di conservatorismo e di religione che ispira profondamente le strutture della politica. Alcune forze politiche attive nei paesi a maggioranza islamica, eredi di una tradizione laicista di tipo nazionalista o socialista, partono dal presupposto che questa domanda debba essere repressa – eventualmente in modo violento – e che questo sia l'unico modo di «fermare il fondamentalismo». Queste forze, raramente democratiche, sono riuscite per decenni a convincere l'Occidente spaventato dal «fondamentalismo» a sostenerle. La loro repressione ha colpito, più o meno indiscriminatamente, tutte le forme dell'islam politico, fosse questo conservatore o fondamentalista. La domanda di conservatorismo islamico – e di islam politico –, impossibilitata dalla repressione a incontrare un'offerta conservatrice o fondamentalista non violenta, ha così trovato di fronte a sé un'unica offerta, capace e abituata a sfidare la repressione e operare nella clandestinità: quella ultra-fondamentalista, spesso nella forma delle imprese terroriste. Il consumatore religioso islamico ha creduto di avere la sola scelta fra un nazionalismo sostanzialmente anti-religioso e un ultra-fondamentalismo almeno vicino al terrorismo.

Uscire da questa logica significa *restaurare le condizioni normali del mercato religioso*, permettendo alle imprese fondamentaliste (ma non violente) e a quelle conservatrici di esercitare la loro concorrenza con l'ultra-fondamentalismo. In un mercato religioso *normale* l'ultra-fondamentalismo non può competere con il fondamentalismo, e quest'ultimo mantiene dimensioni più piccole rispetto al conservatorismo. In paesi come la Turchia e la Malaysia la possibilità offerta a organizzazioni islamiche conservatrici di competere con quelle fondamentaliste sul piano politico ha portato sia alla loro vittoria elettorale, sia alla riduzione ai minimi termini della presenza ultra-fondamentalista e del terrorismo. Naturalmente, questi «cattivi esempi» (che sembrano in procinto di essere seguiti dall'Indonesia e da altri paesi) disturbano le aziende terroriste, e in Turchia e in Malaysia esiste un terrorismo importato dall'estero di cui non è difficile anzi prevedere un incremento. La nascita di un vigoroso islam conservatore sembra più problematica nei paesi arabi, la cui eredità culturale è diversa da quella turca, malese o indonesiana. Ma sulla scacchiera del mondo arabo si muovono due re – giovani e a loro volta nel mirino delle aziende del terrorismo –, Mohammed VI (1963-) in Marocco e Abdullah II (1962-) in Giordania, che non appartengono a una tradizione di nazionalismo laicista, anzi al contrario rivendicano entrambi una discendenza diretta dal Profeta, e sembrano proporre ai loro popoli, certo fra mille difficoltà, un islam insieme radicato nella tradizione, geloso dei suoi simboli e almeno aperto a una riflessione sui diritti umani e sulla democrazia. La repressione di ogni forma di islam politico e il sogno ben poco realistico di una fioritura nel mondo islamico di forze politiche laiciste e non religiose in grado di catturare un consenso significativo non ostacola il terrorismo, perché non mette in campo contro le aziende terroriste la sola concorrenza in grado di sottrarre loro quote di mercato e di consumatori, che è la concorrenza di un islam conservatore.

APPENDICE

Premessa

Pubblichiamo qui di seguito la fatwā *che giustifica l'attentato suicida compiuto il 9 giugno 2000 dalla terrorista cecena Hawa Barayev. Il contesto e il probabile autore della* fatwā *sono citati a pagina 92 del testo.* Questa fatwā *conferma molti elementi dell'analisi proposta nel presente volume. Anzitutto, il vero scopo della* fatwā *non è quello di difendere la memoria di Hawa Barayev. Un semplice sguardo ai siti Internet dell'ultra-fondamentalismo islamico mostra come questo non sia affatto necessario. La causa cecena è popolare, e Hawa Barayev è popolarissima: le sono dedicati non solo siti ma strade, giardini e scuole anche in paesi a maggioranza islamica che passano normalmente per «moderati». Al contrario, la* fatwā *ha come destinatario l'eventuale candidato al terrorismo suicida che si ponga problemi morali, o manifesti scrupoli di coscienza, in relazione alla liceità secondo la dottrina islamica di quello che a prima vista può sembrare un semplice suicidio.*

Il testo e la sua ampia circolazione dimostrano quindi l'esistenza di una domanda potenziale *di estremismo dispo-*

sta a prendere in considerazione la scelta terroristica, radica-
ta nel retroterra della religione ultra-fondamentalista e che
chiede di essere rassicurata in relazione a dubbi e problemi
specificamente religiosi. Il potenziale terrorista non si pone
problemi di tipo militare o politico – la bontà della causa cecena è data per scontata – ma si chiede se veramente la scelta di
diventare «martire» sia lecita e meritoria all'interno di un
preciso quadro di riferimento religioso.

La natura del testo conferma che gli argomenti usati per
motivare il terrorista suicida sono di natura eminentemente
razionale. La fatwā non è affatto un testo «incendiario», e
gli appelli al cuore e all'entusiasmo – peraltro frequenti nella
fiorita prosa di lingua araba – occupano qui un posto relativamente ridotto. Qualche lettore potrà trovare il testo, semmai, piuttosto noioso. Si tratta di una dimostrazione, che vor-
rebbe essere stringente, della liceità delle «operazioni di martirio» condotta attraverso i passaggi tradizionali della dedu-
zione teologica e giuridica, intesa a convincere il candidato
che dottrina e diritto giustificano perfettamente la scelta che
sta meditando di compiere.

Da un punto di vista più tecnico, troviamo anche una conferma del fatto, più volte notato dagli specialisti, che l'ultra-
fondamentalismo presente in Arabia Saudita (dove il testo è
stato elaborato) non può più essere chiamato semplicemente
«wahhabita». Il movimento wahhabita è rigorosamente lega-
to al primato della più rigorista fra le scuole giuridiche, quella hanbalita. La fatwā invece usa in modo eclettico tutte le
principali scuole giuridiche musulmane, e si rivolge a lettori
che la presenza in Arabia Saudita di insegnanti stranieri –

tra cui esponenti dei Fratelli Musulmani esiliati dai loro paesi d'origine – e la stessa evoluzione del legame fra monarchia saudita e dirigenza religiosa wahhabita, oggi meno stretto di un tempo, hanno abituato a un islam che è in transizione da una rigida ortodossia wahhabita verso una nuova sintesi in cui entrano apporti diversi.

Infine, la fatwā *è un testo importante in quanto la sua provenienza, l'ampia circolazione, la rilevanza nel mondo ultra-fondamentalista di Internet, attraverso il quale il documento è principalmente diffuso, ne fanno uno strumento che insieme legittima la più ampia macchina del «mercato dei martiri» e ne è legittimato. È perché le aziende del terrorismo se ne servono che la* fatwā *acquista rilevanza. Nello stesso tempo, rimuovendo ostacoli e legittimando il terrorismo suicida sul piano teologico e morale, la* fatwā *diventa parte integrante di quel carburante religioso che consente alla macchina del terrorismo suicida di continuare ad avanzare.*

Un verdetto islamico sulla legittimità
delle operazioni di martirio.
Hawa Barayev: suicidio o martirio?

Introduzione

Ogni lode è dovuta ad Allāh, che mantiene in esistenza
l'Universo e ci informa nel Corano che la Terra cadrebbe
nella corruzione se Allāh, di tanto in tanto, non sconfiggesse
un popolo per mezzo di un altro.

La più grande pace e benedizione siano sul Sigillo dei
Profeti, il quale ha detto: «Per Allāh, nelle cui mani è la mia
anima! Ho sempre desiderato essere ucciso sulla via di Allāh,
quindi risuscitato, ucciso di nuovo, ancora risuscitato e ancora ucciso!» (riferito da Bukhārī, Muslim e altri). E che ha
anche detto: «Agisci, e ogni azione sarà facilitata da Colui che
l'ha veramente creata» (riferito da Bukhārī, Muslim e altri).

Allāh ci ha dato la legge del *jihād* per la dignità della sua
umma [comunità islamica], sapendo che umanamente saremm-
mo inclini a sfuggirla. Ma oggi la gente ha trascurato questo
grande dovere, rivolgendosi alle cose che ama, pensando
che il bene stia in queste cose e non comprendendo che il
bene sta invece nella legge che ci è stata data da Allāh. Allāh
ci ha benedetti in Cecenia permettendoci di combattere la
miscredenza rappresentata dall'esercito russo, e chiediamo
ad Allāh di rafforzarci e assisterci. Lodiamo Allāh per averci

permesso diverse vittorie contro il nemico. Alcuni di noi
hanno mantenuto le loro promesse; altri attendono di man-
tenerle. Quanto ad Allāh, ha certamente mantenuto la Sua
promessa fatta a noi, e ci ha concesso la dignità tramite il
jihād. I nostri fratelli martiri hanno scritto con il loro sangue
una storia di cui possiamo essere orgogliosi. I loro sacrifici
aumentano il vivo desiderio del nostro martirio, che ci per-
metterà di incontrare Allāh e di risorgere con il Profeta
(Allāh lo benedica e lo salvi), con i suoi compagni e con tutti
gli altri profeti, martiri e uomini giusti.

La *umma* è abituata a sentire raccontare le storie di uomini che sacrificano la loro vita per la religione, ma ha meno
familiarità con donne che fanno la stessa cosa. La giovane
donna che, per la grazia di Allāh, ha subìto il martirio, Hawa
Barayev, è una delle poche donne il cui nome rimarrà veramente nella storia. Senza dubbio ci ha dato con il suo sacrificio il più meraviglioso degli esempi. Da oggi i russi possono
sentire la morte venire da ogni parte, che i loro cuori possano essere pieni di giusto terrore a causa di donne come lei.
Che ogni persona gelosa perisca nella sua rabbia! Che ogni
pavido seppellisca la sua testa nella sporcizia! Hawa ha fatto
quello che pochi uomini sono stati capaci di fare. Ogni soste-
nitore della verità deve essere preparato a comportarsi come
lei. La *umma* deve essere orgogliosa del fatto che un tale
modello di virtù sia apparso al suo interno. Siamo certi che
una *umma* che comprende persone come lei non sarà mai, se
Allāh lo vuole, priva di buoni risultati.

Tuttavia, mentre stavamo gioendo per il sacrificio della
nostra sorella, e stavamo ancora pregando perché ottenesse
da Allāh perdono e misericordia, abbiamo ricevuto messaggi
che hanno offuscato la nostra gioia. Venivano non da nemici
o da persone invidiose, ma da amici che pensavamo volessero offrire un contributo costruttivo. Tuttavia costoro sbaglia-

vano e accusavano la grande martire Hawa Barayev di avere commesso suicidio, affermando che non era legittimo per lei agire in questo modo. Né pensavano che fosse legittimo per noi menzionare il suo esempio nella nostra propaganda; piuttosto, avremmo dovuto criticarla. Citavano prove, per la verità piuttosto equivoche, a sostegno delle loro affermazioni. In questo studio, chiariremo che Hawa Barayev – e così pure 'Abdu l-Rahmān Shīshānī, Qādī Mowlādī, Khatam, suo fratello 'Alī, 'Abdu l-Malik e gli altri martiri – sono, per la grazia di Allāh, nei Giardini dell'Eternità, con tutti i piaceri che sono stati promessi. Così noi li consideriamo, anche se non consideriamo nessuno santo di fronte ad Allāh. Prima di avviarci a un esame dettagliato che ci porterà a una conclusione autenticamente islamica sulle operazioni di martirio, è opportuno presentare anzitutto alcune premesse.

Primo. Se non sapete, non potete almeno chiedere? Non è appropriato per qualcuno che non è a piena conoscenza delle *fatāwā* saltare alla conclusione e accusare altri di avere sbagliato. Se quelli che ci criticano avessero studiato a fondo la questione, si sarebbero resi conto che, al massimo, si tratta di un oggetto di dibattito tra gli studiosi, e non ci avrebbero criticato per avere seguito precedenti legittimi.

Secondo. Domandiamo ai nostri rispettati fratelli che cercano la verità di non criticarci senza appoggiare le loro critiche alle sentenze di studiosi reputati, e senza fare riferimento alla comprensione dei compagni e immediati successori del Profeta.

Terzo. Cari fratelli e sorelle! Non ogni operazione di martirio è legittima, né ogni operazione di martirio è vietata. Piuttosto, il giudizio sarà diverso sulla base di fattori quali la condizione del nemico, la situazione della guerra, le circostanze personali del candidato al martirio, gli elementi dell'operazione stessa. Pertanto non si può dare un giudizio su queste operazioni senza una comprensione dell'attuale situazione, sulla base di informazioni ricevute dai combattenti per Allāh e non dai miscredenti. Come, dunque, potete accusarci di ignoranza quando non conoscete la situazione, né in generale né nei dettagli specifici delle operazioni in questione?

Definizione delle operazioni di martirio e del loro effetto sul nemico

Le operazioni di martirio o di sacrificio di sé sono quelle compiute da una o più persone contro forze nemiche assolutamente preponderanti in termini di numero e di equipaggiamento, con la previa consapevolezza che le operazioni risulteranno in modo pressoché inevitabile nella morte dell'operatore.

La forma che queste operazioni oggi prendono normalmente consiste nell'imbottire il proprio corpo, ovvero una valigia o un veicolo, di esplosivo, quindi entrare in un luogo affollato di nemici, o nella loro base di operazioni, e farsi esplodere in modo da causare il massimo di perdite tra i nemici, sfruttando l'elemento sorpresa. Naturalmente, l'operatore sarà di norma il primo a morire.

Un'altra tecnica consiste, per il combattente armato, nell'entrare in una caserma o in un'area affollata di nemici e aprire il fuoco all'impazzata, senza aver preparato alcun piano di fuga né avere considerato la fuga come una possibilità. L'obiettivo è di uccidere il maggior numero possibile di nemici, quindi – certamente – morire.

Il nome di «operazioni suicide» usato da alcuni è impreciso, e in realtà questo nome è stato inventato dagli ebrei per scoraggiare la nostra gente dal compiere queste operazioni. Quanto grande è la differenza tra chi commette suicidio – a causa della sua infelicità, mancanza di pazienza, debolezza, mancanza di fede, tutte cose che conducono al fuoco dell'Inferno – e chi sacrifica se stesso in nome della forza della sua fede e della sua convinzione, per la vittoria dell'islam e per l'esaltazione della Parola di Allāh!

Quanto agli effetti di queste operazioni sul nemico, abbiamo riscontrato, nel corso della nostra esperienza, che nessun'altra tecnica genera un così grande terrore nel suo cuore e turba così profondamente il suo spirito. È a causa della paura di queste tecniche che rinunciano a mescolarsi con la popolazione, e così non la disturbano, né la opprimono, né la derubano. Inoltre, le energie che spendono a cercare di prevenire queste operazioni non saranno dedicate ad altre imprese per noi dannose. Lode ad Allāh! Per quanto riguarda i russi, molti dei loro piani non sono andati a buon fine, e si è potuto creare anche un dissenso interno, con Putin che ha condannato i Ministri dell'Interno e della Difesa e ha dato loro la colpa di quanto è accaduto, minacciando conseguenze. Le truppe che non sono impegnate a cercare di sventare le operazioni di martirio sono occupate a seppellire i corpi dei morti russi, a curare i feriti, a rimuovere le macerie. E questo influisce sul loro morale.

Dal punto di vista materiale, si deve considerare che queste operazioni infliggono al nemico le perdite più severe, mentre per noi sono le meno costose. Il costo del materiale è trascurabile se lo si paragona ai risultati: spesso gli esplosivi e i veicoli fanno parte del nostro bottino di guerra, che restituiamo al nemico in un nostro modo davvero speciale! Le perdite si riducono spesso a una singola vita – quella del martire eroe che avanza verso il Giardino dell'Eternità, così voglia Allāh. Ma per il nemico le perdite sono massicce: con le ultime operazioni in Cecenia hanno avuto 1600 tra morti e feriti, e un nucleo importante di forze russe in Cecenia è stato completamente distrutto.

Tutto questo è stato ottenuto grazie agli sforzi di soli quattro eroi. Siamo sicuri che i russi non rimarranno a lungo sulle nostre terre se queste operazioni continueranno. O si disperderanno, diventando obiettivi ancora più facili per i nostri attacchi, o si concentreranno in pochi luoghi per resistere all'assalto, e in questo caso poche operazioni di martirio saranno sufficienti – lo voglia Allāh – a disperderli. Se volessero tenere la situazione sotto controllo, avrebbero bisogno di oltre 300 mila uomini per ogni città, e questa non è un'esagerazione.

Possiamo vedere quanta paura le operazioni di martirio abbiano causato in Palestina e come siano state un fattore cruciale per convincere gli ebrei a concedere l'autonomia ai palestinesi, nella speranza di controllarli meglio in questo modo. In Cecenia il danno che queste operazioni possono fare è molto maggiore che in Palestina, dal momento che le difese russe sono assai meno agguerrite di quelle degli ebrei.

Prove dell'argomento

Prima di arrivare a un giudizio sulle operazioni di martirio, citando le *fatāwā* di studiosi autorevoli e risolvendo alcuni problemi difficili, è appropriato presentare alcune prove che derivano dalla *sharī'a* [legge religiosa], quindi procedere a una loro discussione e applicazione. Non analizzeremo la catena di trasmissione dei *hadīth* [narrazione canonica relativa al Profeta] caso per caso; consideriamo sufficiente che si trovino nelle collezioni di Bukhārī e di Muslim, e che ogni trasmissione al di fuori di queste due raccolte sia confermata da loro.

1. «Allāh ha comprato dai credenti le loro persone e i loro beni [dando] in cambio il Giardino, [poiché] combattono sul

sentiero di Allāh, uccidono e sono uccisi» (Corano IX, 111). Pertanto, ogni scenario in cui il combattente paga il prezzo necessario a ottenere il risultato è legittimo, a meno che ci siano prove che mostrino quello scenario come esplicitamente proibito.

2. «Quante volte, con il permesso di Allāh, un piccolo gruppo ha battuto un grande esercito! Allāh è con coloro che perseverano» (Corano II, 249). Questo versetto indica che nella sharī'a la misura del potere non è legata anzitutto a elementi materiali e mondani.

3. «Ma tra gli uomini ce n'è qualcuno che ha dato tutto se stesso alla ricerca del compiacimento di Allāh. Allāh è dolce con i Suoi servi» (Corano II, 207). Secondo la spiegazione di questo versetto data dai compagni del Profeta, chi sacrifica se stesso per la causa di Allāh non commette suicidio, anche se si lancia senza armatura contro mille nemici.

4. Un hadīth riferito da Muslim contiene la storia del ragazzo e del re relativa all'episodio del fossato cui fa allusione la sura al-Burūj [LXXXV] del Corano. Leggiamo che il re miscredente cerca in vari modi di uccidere il ragazzo credente, sempre senza riuscirci. Alla fine il ragazzo gli dice: «Non riuscirai a uccidermi se non raduni la tua gente su un altopiano, mi leghi a una palma, prendi una freccia dalla mia faretra, la poni nell'arco dicendo: "In nome di Allāh, il signore di questo ragazzo", e mi colpisci». Il re fa così, e riesce a uccidere il ragazzo come questi gli aveva predetto, ma la gente che si è radunata lì attorno comincia a dire: «Crediamo in Allāh, il Signore di questo ragazzo!». Il re ordina che siano scavati dei fossati, e che in questi siano accesi dei fuochi, e che gli astanti siano costretti a saltarci dentro se non rinunciano alla loro fede. Così è fatto, e alla fine una donna con il suo bambino in braccio è portata davanti al fuoco. Esita a saltare a causa del bambino, ma questo le dice: «O madre! Rimani salda perché

sei nella verità». In questo *hadīth* il ragazzo incita il re a ucciderlo nell'interesse della religione, e questo dimostra che un'azione simile è legittima e non è considerata suicidio.

5. *L'imām* Ahmad ha riportato nel suo *Musnad* (1/310) (e una simile narrazione si trova in Ibn Māja, 4030) che Ibn 'Abbās riferisce che il Messaggero di Allāh disse: «Nella notte in cui fui condotto nel mio viaggio celeste, mi trovai di fronte a un piacevole profumo, e chiesi: "O Gabriele! Che cos'è questo buon profumo?". Egli disse: "È il profumo della parrucchiera della figlia del Faraone, e dei suoi bambini". Io dissi: "Che cosa le è successo?". Mi rispose: "Un giorno, mentre stava pettinando la figlia del Faraone, il pettine le cadde di mano ed ella esclamò: 'In nome di Dio!'. La figlia del Faraone le chiese: 'Parlando di Dio, intendi riferirti a mio padre il Faraone?'. La parrucchiera disse: 'No, anzi il mio Signore, che è anche il Signore di tuo padre, è il vero Dio'. La figlia del Faraone le chiese: 'Posso dirlo a mio padre?'. La parrucchiera rispose: 'Certamente'"». Il *hadīth* prosegue raccontando che un grosso calderone di metallo fu reso incandescente, e il Faraone ordinò che la parrucchiera e i suoi figli vi fossero gettati dentro. Ella chiese al Faraone – e la richiesta fu accettata – che le sue ossa e quelle dei figli fossero raccolte in un singolo sudario e seppellite. I suoi figli furono gettati nel calderone uno a uno davanti ai suoi occhi, finché si arrivò a un neonato ancora in allattamento. Quando la parrucchiera sembrò esitare a causa sua, il neonato miracolosamente disse: «O madre! Saltaci dentro, perché la tortura di questo mondo è ben più lieve della punizione nell'aldilà». E così la parrucchiera saltò nel calderone. La catena che sostiene l'autenticità di questo *hadīth*, nella versione dell'*imām* Ahmad, è affidabile. Si può avere qualche dubbio su Abū 'Umar al-Darīr, che tuttavia al-Dhahabī e Abū Hātim al-Rāzī considerano veridico, e Ibn Hibbān considera affidabi-

le. Secondo questo *hadīth*, un neonato parlò miracolosamente, così come un bambino aveva parlato nella precedente storia del fossato, invitando la madre a gettarsi nel fuoco, il che indica che si tratta di un atto virtuoso.

6. Abū Dāwud (3/27) e Tirmidhī (4/280) hanno riferito (e Tirmidhī assicura che si tratta di una storia autentica) che Aslam ibn 'Imrān raccontò che, mentre stavano attaccando un preponderante esercito di cristiani, un soldato dell'esercito musulmano si lanciò contro i ranghi cristiani da solo. La gente mormorava: «Per Allāh! Si è gettato da solo nella perdizione». Ma Abū Ayyūb al-Ansārī si levò e disse: «O popolo! Date un'interpretazione sbagliata al versetto in cui fu rivelato che Allāh ha dato onore all'islam, e molti sono diventati i suoi sostenitori, così che abbiamo cominciato segretamente a compiacerci della nostra ricchezza e a temere di perderla. Fu così che Allāh rivelò al suo Profeta: "Siate generosi sul sentiero di Allāh, non gettatevi da soli nella perdizione" (Corano II, 195), per metterlo in guardia. Ma la perdizione consiste nel compiacersi della propria ricchezza e nell'abbandonare il combattimento». Abū Ayyūb rimase saldo finché fu ucciso, e fu seppellito a Roma.

Al-Hākim autentica questo *hadīth*, affermando che si conforma ai criteri di Bukhārī e Muslim, e Dhahabī conferma. Anche Nasā'ī e Ibn Hibbān lo riproducono. Bayhaqī lo include in un capitolo intitolato «Se sia permesso a uno o più combattenti battersi da soli in terra nemica», menzionandolo così come prova che è permesso lanciarsi contro forze preponderanti, anche quando il risultato più probabile è la morte.

In questo *hadīth*, Abū Ayyūb spiega che il versetto di Corano II, 195 non si applica a chi si lancia fra le file nemiche da solo, anche se sembra che si getti nella perdizione. I compagni del Profeta confermano almeno tacitamente questa sua spiegazione, perché non la contraddicono.

7. Ibn Abī Shayba ha riferito nel suo *Musannaf* (5/338) che Mu'ādh ibn 'Afrā' chiese al Messaggero di Allāh: «Che cosa induce Allāh a sorridere al Suo servo?». La risposta: «Vedere il Suo servo che si lancia tra i nemici senza armatura». Mu'ādh si tolse allora l'armatura, e combatté fino a quando non fu ucciso.

Questo *hadīth* è una prova evidente della virtù delle operazioni di *jihād* in cui l'esito più probabile è la morte, e indica che il *jihād* ha regole speciali che permettono quanto normalmente è proibito.

8. Ibn Abī Shayba ha riferito (5/289) (e così pure Tirmidhī, 2491 e 2492, che certifica l'affidabilità della narrazione, e anche Nasā'ī, 1597 e 2523 e Ahmad – 20/393 – come pure Tabarānī e Ibn al-Mubārak nel *Kitāb al-Jihād*, 1/84) che «Allāh ama tre categorie di persone», e tra queste c'è «l'uomo che incontra un numero preponderante di nemici, e lotta con vigore fino alla morte o alla vittoria». Anche al-Hākim riferisce questo *hadīth*, e lo considera certo.

9. Ahmad riferisce nel suo *Musnad* (6/22), citando Ibn Mas'ūd, che il Profeta disse: «Colui che ci sostiene ammira due tipi di uomo: il malato che si alza a fatica dal suo letto per pregare e chi combatte sul sentiero di Allāh, e i suoi compagni sono sconfitti, e si rende conto di quale sarà la sua sorte se ritorna a combattere, e tuttavia ritorna a combattere finché il suo sangue è versato. Allāh dice: "Guarda il Mio servo che è tornato al combattimento pieno di speranza e di ardore per Me, finché il suo sangue è stato versato"».

Ahmad Shākir ci assicura che la catena di trasmissione di questo *hadīth* è certa. Molti altri lo confermano: Ahmad e Abū Ya'lā lo riferiscono, così come Tabarānī, e la sua tradizione è veridica; Abū Dāwud e al-Hākim lo riportano in forma abbreviata, e al-Hākim lo considera autentico. Ibn al-Nahhās afferma che, se anche questo fosse l'unico *hadīth* autentico sul punto, sarebbe sufficiente come prova che è lecito lanciarsi da soli contro le fila nemiche.

10. Muslim riferisce, da Abū Hurayra: «Tra coloro che vivono la vita migliore c'è l'uomo che scioglie la briglia del suo cavallo sulla via di Allāh, spronandolo e lanciandosi tra le fila nemiche, cercando con zelo la morte e l'occasione di essere ucciso».

Questo indica che cercare di essere ucciso e perseguire il martirio sono atti legittimi e meritori.

11. Bayhaqī ha narrato in *Al-Sunan al-Kubrā* (9, 100), con una catena di trasmissione autentica da Mujāhid, che il Profeta inviò 'Abdullāh ibn Mas'ūd e Khabbāb in una missione disperata, e così pure Dihya.

Questo indica che, a prescindere dal livello di rischio, l'operazione di *jihād* rimane legittima; anzi, più grande è il rischio, più grande sarà la ricompensa.

12. Bukhārī e Muslim hanno narrato che Talha difese con il suo corpo il Profeta dalle frecce nella battaglia di Uhud, e la sua mano ne restò paralizzata.

13. Bukhārī e Muslim riferiscono che Salāma ibn al-Aqwā, alla domanda: «Per che cosa hai promesso obbedienza al Profeta nel giorno della battaglia di Hudaybiyyah?», rispose: «Per la morte».

14. Molti hanno riferito, sulla base di Muhammad ibn Thābit ibn Qays ibn Shimas, che, quando i musulmani esitavano nella battaglia di Yamāma, Sālim – lo schiavo di Abū Hudhayfa che era stato liberato – disse: «Non questo è il modo in cui usavamo comportarci con il Messaggero di Allāh». Detto questo, si scavò una trincea e rimase fermo innalzando la bandiera. Combatté finché fu ucciso come martire.

Questo episodio e il successivo mostrano che la perseveranza nella lotta è desiderabile, anche se conduce a morte certa, e che Sālim riferiva questo tipo di azione ai giorni del Messaggero di Allāh.

15. Al-Tabarī ha riferito nel suo *Ta'rīkh* (2/151) che, nella battaglia di Mu'ta, Ja'far ibn Abī Tālib levò alta la bandiera e combatté fino a immergersi completamente nella lotta. Quindi si volse al suo cavallo grigio e lo ferì (in modo da non poterlo più usare per fuggire) e combatté fino a essere ucciso. Pertanto Ja'far fu il primo musulmano a ferire il suo cavallo in questo modo.

16. Muslim ha riferito che un uomo sentì dire mentre il nemico si avvicinava: «Il Messaggero di Allāh disse: "Le porte del Paradiso sono all'ombra delle spade"». L'uomo, sentendo queste parole, chiese se il *hadīth* fosse autentico. Quando gli fu confermato, si rivolse ai suoi compagni, li salutò, spezzò e gettò via la guaina della sua spada e si lanciò con la spada levata verso i nemici, combattendo fino a essere ucciso.

Verdetti di autorevoli studiosi a proposito di chi attacca il nemico da solo

Dopo avere stabilito che è legittimo lanciarsi tra le fila nemiche e andare all'attacco da soli anche quando la morte è certa, procediamo e affermiamo che le operazioni di martirio derivano da questo principio, persuasi che la proibizione del suicidio si riferisce a casi di fede debole e assente. È vero, tuttavia, che le precedenti generazioni non conoscevano le operazioni di martirio così come si svolgono oggi, perché queste derivano dai cambiamenti nelle tecniche di guerra, e pertanto non potevano specificamente occuparsene. Ma è anche vero che hanno affrontato problemi simili, come quelli di attaccare il nemico da soli e di spaventarlo anche in casi in cui la morte del combattente è certa. Gli antichi hanno anche dedotto princìpi generali che si applicano alle operazioni di martirio, utilizzando argomenti come quelli che abbiamo citato nella sezione precedente. Ma c'è una differenza tra le operazioni di martirio e questi precedenti classici, cioè che nel nostro caso il combattente muore di sua propria mano, mentre nei casi che abbiamo citato è ucciso dal nemico. Spiegheremo come questa differenza non modifichi il giudizio.

A. Compagni del Profeta ed eruditi della seconda generazione
1. Ibn al-Mubārak e Ibn Abī Shayba (5/303) riferiscono, tramite una catena di trasmissione autentica, che Mudrik ibn 'Awf al-Ahmasī disse: «Ero in presenza di 'Umar quando il messaggero di Nu'mān ibn Muqrin venne a lui, e 'Umar gli chiese dei combattenti, ricevendo come risposta: "Il tale e il tale sono stati colpiti, e anche altri che non conosco". 'Umar disse: "Ma Allāh li conosce". Il messaggero disse: "O capo dei credenti! C'è un uomo che ha offerto la sua vita". E Mudrik disse: "Per Allāh, si tratta di mio zio materno. O capo dei credenti! La gente dice che si è gettato nella perdizione". 'Umar disse: "Hanno mentito o si sono sbagliati. È piuttosto da annoverare fra quelli che si sono conquistati il Paradiso"». Bayhaqī riferisce che si trattava della battaglia di Nahāwand.

2. Ibn Abī Sahyba ha riferito (5/322) che un battaglione di miscredenti avanzava e un combattente li attaccò da solo, facendo strage nelle loro fila, e ripetendo l'azione due o tre volte. Sa'd ibn Hishām lo riferì ad Abū Hurayra, che gli recitò il versetto secondo cui ci sono fra gli uomini coloro che sacrificano se stessi per piacere ad Allāh.

3. Al-Hākim ha riferito nel libro detto *Tafsīr* (2/275), e Ibn Abī Hātim (1/128) ha confermato la stessa narrazione sulla base di Ibn 'Asākir, che a Bāra fu chiesto il significato del

versetto «Siate generosi sul sentiero di Allāh, non gettatevi da soli nella perdizione» (Corano II, 195). Può questo versetto riferirsi a un uomo che si lancia tra le fila nemiche e combatte fino a cadere ucciso? Egli disse: «No, si riferisce piuttosto a chi commette un peccato, e quindi afferma che Allāh non lo perdonerà». Al-Hākim afferma che si tratta di una narrazione autentica secondo i criteri di Bukhārī e Muslim. Questa spiegazione del verso è citata da al-Tabarī nella sua esegesi (3/584) sulla base di Hudhayfa, Ibn 'Abbās, 'Ikrimah, Hasan al-Basrī, 'Atā', Sa'īd ibn Jubayr, Dahhāk, Suddī, Muqātil e altri.

B. Il giudizio di autorevoli esegeti

1. Ibn al-'Arabī, nel suo Ahkām al-Qur'ān (1/116) (e vedi anche la versione di al-Qurtubī, 2/364), commentando lo stesso versetto «Siate generosi sul sentiero di Allāh, non gettatevi da soli nella perdizione» afferma che «ci sono cinque interpretazioni sul significato di "perdizione":
– non smettete di essere generosi (sul sentiero di Allāh);
– non lanciatevi in imprese azzardate senza la necessaria preparazione;
– non abbandonate il jihād;
– non affrontate un nemico cui non avete possibilità di resistere;
– non disperate del perdono di Allāh».

Al-Tabarī afferma che il versetto «è di portata generale e non c'è contraddizione fra le diverse interpretazioni». Ha ragione, tranne quando si tratta di lanciarsi contro forze nemiche preponderanti, perché su questo punto gli studiosi sono discordi. Qāsim ibn Mukhaymira, Qāsim ibn Muhammad e 'Abdu l-Malik sono fra gli studiosi di scuola mālikita i quali affermano che non è illecito che un uomo si lanci da solo contro un grande esercito, se è forte e se l'azione è compiuta sin-

ceramente per Allāh. Se non è forte, si tratta di auto-distruzione. È stato detto da alcuni che, se sta cercando il martirio e
la sua intenzione è sincera, può lanciarsi all'attacco, perché il
suo scopo è fare strage fra i nemici, e questo corrisponde al
versetto: «Ma fra gli uomini ce n'è qualcuno che ha dato tutto
se stesso alla ricerca del compiacimento di Allāh» (Corano II,
207). La conclusione corretta è che è permesso lanciarsi contro
forze nemiche cui non è possibile resistere, perché l'azione
contiene quattro obiettivi lodevoli:
– ricercare il martirio;
– infliggere perdite al nemico;
– incoraggiare i musulmani a lanciarsi all'attacco;
– demoralizzare il nemico mostrandogli che, se un uomo
solo può fare questo, quanto più potranno fare molti!.
    2. Al-Qurtubī afferma nel suo *Tafsīr* (2/364): «Muhammad
ibn al-Hasan al-Shaybānī, allievo di Abū Hanīfa, disse: "Se un
uomo da solo attacca mille pagani non c'è nulla da obiettare,
se c'è speranza di ottenere un qualche successo o di infliggere perdite significative al nemico; altrimenti, è un'azione
disdicevole, perché costui si espone alla morte senza benefici
per i musulmani. Ma, se lo scopo dell'azione è spingere i
musulmani a emulare il suo coraggio, non si può escludere
che sia permesso, perché in qualche modo porta benefici ai
musulmani. Se il suo intento è spaventare il nemico, e dimo-
strargli la forza della fede dei musulmani, non si può escludere che sia permesso. Se nell'azione c'è un beneficio per i
musulmani, allora dare la vita per rafforzare la religione e
indebolire i miscredenti è un gesto nobile, secondo il versetto
'Fra gli uomini ce n'è qualcuno che ha dato tutto se stesso alla
ricerca del compiacimento di Allāh' e secondo altri versetti"».
    3. Shawkānī afferma nel *Fath al-Qādir* (1/297) a proposito
del versetto sulla perdizione di Corano II, 195: «La realtà è
che queste parole hanno una portata generale e non sono

specifiche alle circostanze in cui sono state rivelate, così che
si riferiscono a qualunque evento che possa essere descritto
come auto-distruzione in senso mondano o religioso, come
confermato da al-Tabarī. Tra le circostanze coperte da questo
versetto c'è quella di un uomo che attacca un'intera armata
nemica da solo senza speranza di successo, e senza che della
sua azione scaturisca alcun effetto benefico per i musulmani». Questo significa che se, viceversa, ci si attende un effetto benefico per i musulmani, allora l'azione è lecita.

C. Testi delle scuole giuridiche

• Hanafita

Ibn 'Ābidīn afferma nella sua *Hāshiya* (4/303): «Non ci
sono obiezioni se un uomo, combattendo da solo, anche pre-
vedendo di essere ucciso, affronta un esercito nemico, purché con il suo gesto ottenga un qualche obiettivo, per esempio uccida, ferisca o metta in fuga un certo numero di nemici, come è confermato da quanto è stato riferito a proposito
della battaglia di Uhud e dell'atteggiamento tenuto in quel
giorno dal Messaggero di Allāh. Se tuttavia il combattente sa
che il suo gesto non avrà alcun effetto sui nemici, allora non
gli è lecito lanciarsi all'attacco, perché non contribuisce al
rafforzamento della religione».

• Mālikita

Ibn Khuwayzmandād afferma – sulla base del *Tafsīr* di al-
Qurtubī (2/364) – che «per quanto riguarda il caso di un
uomo che si lanci da solo contro cento o più soldati nemici,
ci sono due scenari. Se è certo che ne ucciderà un certo
numero, e riuscirà a salvarsi, fa bene a comportarsi così.
Anche se è certo che sarà ucciso, ma dopo avere causato al
nemico seri danni, o avere comunque generato un buon
effetto per i musulmani, l'atto è comunque lecito». Sono citate affermazioni di Qurtubī e Ibn al-'Arabī.

• Shāfi'ita

Nella compilazione *Al-Majmū'* (19/291) di al-Mutī'ī troviamo scritto che «se il numero dei miscredenti è doppio rispetto al numero dei musulmani, ma questi non sono sicuri di essere sconfitti, è obbligatorio combattere. Se sono certi di essere sconfitti, ci sono due possibili teorie: 1) potrebbero ritirarsi, citando il versetto secondo cui non si deve "gettarsi da soli nella perdizione" (Corano II, 195); o 2) potrebbero non ritirarsi – e questa è la conclusione corretta – sulla base del versetto secondo cui anche quando un "piccolo gruppo" si scontra con un "grande esercito", "Allāh è con coloro che perseverano" (Corano II, 249); inoltre l'atteggiamento dei combattenti musulmani è interamente descritto dal versetto secondo cui "uccidono e sono uccisi" (Corano IX, 111). Se il numero dei miscredenti è più che doppio del numero dei musulmani, sono autorizzati a ritirarsi. Ma se pensano di avere possibilità di successo, è meglio per loro resistere, perché i musulmani non sperimentino una disfatta. Se pensano che saranno distrutti, ci sono due possibilità: secondo alcuni sono obbligati a ritirarsi, sulla base del versetto secondo cui non si deve "gettarsi da soli nella perdizione"; secondo altri è raccomandato e lodevole, ma non obbligatorio, continuare a combattere per essere uccisi e conseguire il martirio».

• Hanbalita

Ibn Qudāma ha scritto nel suo *Al-Mughnī* (9/309): «Se le forze nemiche sono più che doppie di quelle musulmane, ma i musulmani sono ragionevolmente certi della vittoria, è preferibile resistere, considerando i benefici di questa scelta, ma è anche permesso ritirarsi, perché le forze musulmane non sono immuni dalla distruzione. Se sono ragionevolmente certi della vittoria, è concepibile che siano obbligati a combattere, sulla base dei benefici che ne possono ricavare, ma se sono ragionevolmente certi della sconfitta, e pensano che ritirandosi si salveranno, allora è preferibile ritirarsi. Ma non è vietato, anzi è permesso, continuare a combattere anche in questo caso, con lo scopo di conseguire il martirio, cercando peraltro la vittoria. Se pensano di non sopravvivere anche ritirandosi, allora è meglio combattere, non ritirarsi ed entrare tra le fila dei martiri, sempre senza escludere la possibilità che la previsione sia sbagliata e che si possa uscire dallo scontro vittoriosi».

Ibn Taymiyya afferma nel *Majmūʿ al-Fatāwā* (28/540): «Muslim ha riferito la storia del fossato, in cui il ragazzo in pratica ordina al re di ucciderlo in nome della sua religione, e pertanto i saggi hanno permesso a un musulmano di lanciarsi da solo fra le fila nemiche anche con la ragionevole certezza di essere ucciso, purché ne nasca qualche beneficio per i musulmani».

• Zāhirita

Ibn Hazm afferma in *Al-Muhallā* (7/294): «Né Abū Ayyūb al-Ansārī né Abū Mūsā al-Ashʿarī hanno criticato l'uomo che si lancia da solo contro un esercito nemico e continua a combattere finché è ucciso. È riportato da fonti degne di fede che uno dei compagni chiese al Messaggero di Allāh che cosa fa sì che Allāh sorrida al Suo servo, e il Messaggero rispose: "Quando il servo si lancia fra le fila nemiche senza armatura", inducendo l'uomo a togliersi l'armatura e lanciarsi fra i nemici combattendo fino alla morte».

D. Elementi di analisi

Il *hadīth* del ragazzo e del re costituisce la prova maggiore per il nostro argomento. Il *hadīth* spiega che, quando il ragazzo si rende conto che farsi uccidere in un certo specifico modo diventerà un modo per diffondere la religione, spiega al re – da cui Allāh lo aveva fino a quel momento protetto – come ucciderlo. Diffondere la religione e fare proseliti fra quella popolazione è più importante ai suoi occhi che rimanere vivo, e pertanto contribuisce direttamente alla propria morte. È vero che non si toglie la vita con le sue mani, ma le sue parole sono l'unica causa della sua uccisione. Si può paragonare l'azione del ragazzo al gesto dell'uomo che, sofferente a causa di dolorose ferite, chiede a qualcun altro di ucciderlo: è colpevole di suicidio così come se si fosse ucciso con le proprie mani, perché ha chiesto lui stesso di essere ucciso. Ma Allāh loda coloro che credono nel Signore di quel ragazzo: coloro che sono costretti a saltare nel fossato pieno di fuoco per non rinunciare alla loro fede. Perfino un bambino prende la parola e incoraggia sua madre ad avanzare quando esita di fronte al fuoco. Nella sura *al-Burūj* (Corano LXXXV) questi martiri sono lodati e si dice di loro che «avranno i Giardini dove scorrono i ruscelli» (Corano LXXXV, 11), e sono chiamati vittoriosi. La storia della parrucchiera della figlia del Faraone è simile. Abbiamo citato prove dalla *sharī'a* che corroborano questi due *hadīth* e non abbiamo trovato nulla che contraddica l'opinione secondo cui è lodevole sacrificare la propria vita per innalzare la parola di Allāh. Concludiamo che il contenuto di questi due *hadīth* è parte della nostra *sharī'a* secondo la maggioranza degli studiosi.

In effetti vediamo che questo tipo di operazioni furono praticate in battaglia alla presenza personale del Profeta, e dopo di lui dei suoi compagni, più di una volta. Inoltre, la protezione della religione è il più gran servizio che un combattente può compiere, e i testi non lasciano alcun dubbio sul fatto che un combattente possa sacrificare la sua vita per la religione. Talha protesse il Profeta con la sua mano, e questo supporta la legittimità per una persona di sacrificarsi per altre nell'interesse della religione.

E. Riassunto

È emerso che i più autorevoli studiosi danno alla questione se sia lecito lanciarsi da soli contro le fila nemiche, con la ragionevole certezza di essere uccisi, la stessa risposta riferita a casi in cui la morte è certa; chi giudica legittimo il secondo comportamento giustifica anche il primo. Inoltre la maggioranza degli studiosi cita quattro condizioni perché il gesto sia legittimo:
1) l'intenzione;
2) infliggere perdite al nemico;
3) spaventarlo;
4) rafforzare i cuori dei musulmani.

Al-Qurtubī e Ibn Qudāma considerano lecito lanciarsi tra le fila nemiche alla sola condizione dell'intenzione sincera, anche se mancano le altre condizioni, perché cercare il martirio è comunque legittimo. Dal momento che le fonti non richiedono esplicitamente che si verifichino tutte le condizioni, questa soluzione appare preferibile. La maggioranza deduce le condizioni dai criteri generali della sharī'a, ma quello che è generale non deve essere ristretto allo specifico. Certo, anche noi pensiamo che se non ci sono benefici per i musulmani o per i combattenti, l'azione non deve essere compiuta, e che non si tratta della pratica migliore, ma la questione è diversa da quella che riguarda la legittimità originaria dell'atto. Condannare, senza ragioni molto serie, chi cerca il martirio è un'ingiustizia.

La questione dell'uso dei prigionieri come scudi umani

La questione dell'uccisione di prigionieri musulmani che il nemico usa come scudi umani assomiglia al problema precedente, ma c'è una differenza. La somiglianza è che si tratta sempre di sacrificare vite musulmane nell'interesse della religione. La differenza è che uccidere coloro che sono usati come scudi umani è stato considerato legittimo dagli studiosi sulla base di un criterio di necessità. Non esiste nessun testo che permetta di togliere la vita a persone innocenti, a meno che questo derivi da un interesse collettivo che è superiore all'interesse individuale. Pertanto uccidere prigionieri usati come scudi umani è autorizzato sulla base di una regola di necessità che permette l'illecito, o autorizza a scegliere il minore dei due mali quando uno dei due deve essere comunque scelto. Quanto alle operazioni di martirio, non è questa la regola che ha bisogno di essere applicata, perché abbiamo testi chiarissimi che incoraggiano a lanciarsi da soli contro le fila nemiche anche quando è certo che si sarà uccisi, e non ci si trova in uno stato di necessità.

Uccidere un'altra persona innocente è un peccato più grave che uccidere se stessi: al-Qurtubī cita nel suo *Tafsīr* (10/183) il consenso degli studiosi secondo cui chiunque sia costretto a uccidere un innocente dovrebbe rifiutarsi di farlo. Pertanto chi ammette che sia lecito uccidere un altro musulmano – in assenza di prove contrarie nei testi – per un beneficio religioso superiore, deve evidentemente permettere che si uccida se stessi per il medesimo beneficio superiore, perché sacrificare la propria vita è meno grave che sacrificare la vita innocente di un altro. Sarebbe così anche se non avessimo testi che supportano da un altro punto di vista le operazioni di martirio, mentre abbiamo visto che questi testi esistono.

A un esercito musulmano è normalmente proibito non solo uccidere musulmani, ma anche *dhimmī* (cioè appartenenti a certe categorie di miscredenti protette dallo Stato musulmano), così come vecchi, donne e bambini anche miscredenti. Se i miscredenti usano come scudi umani prigionieri di guerra musulmani, non è permesso sparare nella loro direzione, tranne in casi di manifesta necessità. Nel caso delle donne e dei bambini miscredenti, tuttavia, si può sparare contro di loro per una necessità di guerra anche se non si tratta di una necessità assoluta, perché la guerra può richiedere questa azione: ma l'intenzione non deve essere specificamente quella di uccidere i civili. Al Profeta (Allāh lo benedica e lo salvi, lui e la sua famiglia) fu chiesto un parere su un'imboscata notturna tesa ai pagani in cui erano morte anche donne e bambini; rispose: «Fanno parte della loro gente» (riferito da Bukhārī e Muslim). Nel caso di musulmani usati come scudo umano, tuttavia, sparare è permesso solo se il non farlo porterebbe a un danno maggiore – per esempio, a un maggiore numero di musulmani uccisi in totale – o alla sconfitta dei musulmani e all'invasione della loro terra. In questo caso, ogni musulmano ucciso sarà ricompensato secondo le sue intenzioni.

La maggioranza delle autorità considera obbligatorio attaccare il nemico in caso di necessità, anche se l'attacco causerà la morte di un certo numero di scudi umani (cfr. Shawkānī, *Fath al-Qādir*, 5/447, *Mughnī al-Muhtāj*, 4/244, *Hāshiyat al-Dusūqī*, 2/178; Ibn Qudāmā, *al-Mughnī*, 10/505). L'autore del *Mughnī al-Muhtāj* cita due condizioni che devono essere soddisfatte:
1) che i combattenti facciano del loro meglio per evitare di colpire deliberatamente gli scudi umani;
2) che non abbiano l'intenzione di uccidere le persone usate come scudi umani.

Ibn Taymiyya ha scritto: «Se i miscredenti usano musulmani come scudi umani, e i miscredenti non possono essere sconfitti senza uccidere questi musulmani, allora l'esercito musulmano può colpirli, perché in questo modo il male e l'afflizione possono colpire colui che non li merita nell'Aldilà, e sarà tenuto conto di questa circostanza e sarà ricompensato. Alcuni in questo caso affermano: "Chi uccide è un combattente, e chi è ucciso è un martire"». La maggioranza dei giuristi di scuola hanafita e mālikita, così come Imām Sufyān al-Thawrī, permette l'attacco quando il nemico usa musulmani come scudi umani, anche quando non è certo che rinunciare all'attacco porterà alla disfatta, argomentando che diversamente il *jihād* non potrebbe mai essere portato a termine (cfr. *Fath al-Qādir*, 5/448, *Jassās Ahkām al-Qur'ān*, 5/273, *Minah al-Jalīl*, 3/151). La debolezza di queste posizioni è chiara, perché la santità di una vita musulmana è grande e non si deve permettere di sacrificarla senza una prova chiara. Inoltre, la tecnica degli scudi umani non è usata universalmente, e il *jihād* può quindi proseguire qualunque soluzione si dia al problema.

Nel caso di donne, bambini e vecchi miscredenti utilizzati come scudi umani, la maggioranza dei giuristi hanafiti, shāfi'iti e hanbaliti ha permesso l'attacco anche in casi che esulano dalla stretta necessità (cfr. [*Kitāb*] *Al-Siyar al-Kabīr*, 4/1554, *Mughnī al-Muhtāj*, 4/224, *Al-Mughnī*, 10/504). I mālikiti hanno un'opinione diversa, che per brevità non esaminiamo in questa sede (cfr. Dardīr, *Al-Sharh al-Kabīr*, 2/178, *Minah al-Jalīl*, 3/150).

L'opinione maggioritaria su chi partecipa indirettamente a una uccisione

Lanciarsi tra le fila nemiche senza speranza di salvezza è il più gran modo in cui un combattente contribuisce alla sua morte, e contribuire alla propria morte è proprio simile a uccidersi, così come chi causa deliberatamente la morte di qualcuno è nella stessa posizione di chi lo uccide. La mag-

gioranza degli studiosi di scuola mālikita, shāfi'ita e hanbalita ha ammesso che chi causa deliberatamente la morte di
un terzo può essere ucciso per vendetta nelle stesse circostanze in cui può esserlo chi uccide direttamente.

Tra le basi testuali per questa conclusione c'è il testo di
Bukhārī, il quale riferisce che un ragazzo fu assassinato e
'Umar disse: «Se tutti gli abitanti di San'ā' hanno partecipa-
to a questa uccisione, li ucciderò tutti». Da un punto di vista
razionale, se la punizione in casi simili fosse ristretta all'ese-
cutore materiale, l'omicidio sarebbe incoraggiato, perché gli
assassini userebbero semplicemente un sicario senza paura
di essere giustiziati per il loro crimine. Il compenso moneta-
rio, il cosiddetto prezzo del sangue, non scoraggerebbe tutti
gli assassini, specialmente quelli ricchi. Pertanto è giusto che
tutti i colpevoli, compresi quelli indiretti, siano giustiziati,
ed è nello stesso spirito che il Corano descrive chi uccide un
uomo come qualcuno che ha ucciso tutta l'umanità (cfr. *Al-
Sayl al-Jarrār*, 4/397; *Tafsīr al-Qurtubī*, 28/251; *Majmū' al-
Fatāwā Ibn Taymiyya*, 20/382; *Al-Bahr al-Rā'iq*, 8/354;
Sam'ānī, *Qawāti' al-Adilla*, 2/243).

Pertanto, se chi causa la propria morte lanciandosi contro le linee nemiche è lodato, la lode deve essergli applicata indipendentemente dall'arma e dal modo in cui sacrifica
la sua vita. Abbiamo già citato casi simili avvenuti alla presenza del Profeta (Allāh lo benedica e lo salvi), senza che
egli li abbia disapprovati. Quindi, se lasciarsi uccidere dal
nemico è permesso quando è nell'interesse dei musulmani,
allora anche uccidersi nello stesso interesse deve essere
permesso, e in questo caso il combattente è esonerato dal
conformarsi ai testi generali che proibiscono di togliersi la
vita.

Definizione di «shahīd»

Al-Nawawī ha elencato (in *Sharh Sahīh Muslim*, 1/515, e *al-Majmū'*, 1/277) sette spiegazioni del perché il martire è chiamato *shahīd*:
1) perché Allāh e il Profeta hanno testimoniato che entrerà in Paradiso;
2) perché è vivo di fronte al Signore;
3) perché gli angeli della misericordia assistono la sua anima nel transito;
4) perché sarà fra coloro che testimonieranno di fronte alle nazioni nel Giorno della Resurrezione;
5) perché la sua fede e la sua buona morte hanno dato testimonianza ad altri;
6) perché ha un testimone della sua morte, il suo sangue;
7) perché la sua anima testimonia immediatamente in Paradiso.

Ibn Hajar ha elencato quattordici mezzi attraverso cui una persona può acquisire il titolo di *shahīd*, alcuni dei quali direttamente relativi all'essere uccisi sulla via di Allāh, altri no (cfr. *Fath al-Bāri'*, 6/43).

I giuristi hanno dato diverse definizioni tecniche del martirio.

• Secondo gli hanafiti:

«Chi è ucciso dai pagani, o è ritrovato ucciso in battaglia con il segno di una ferita esterna e interna – per esempio, sangue che esce dall'orbita di un occhio o simili» (Al-'Ināya, pubblicato in margine a *Fath al-Qādir*, 2/142 e *Hashiyat Ibn 'Ābidīn*, 2/268).

«Chiunque è ucciso mentre combatte pagani, ribelli o briganti, a causa di un'azione del nemico – diretta o indiretta – è *shahīd*, mentre chiunque è ucciso da cause non direttamente attribuibili all'azione del nemico non è considerato *shahīd*»

(Zayla'ī, *Tabyīn al-Haqā'iq*, 1/247; cfr. pure *Al-Bahr al-Rā'iq*, 2/211).

• Secondo i mālikiti:

«Soltanto chi è ucciso mentre combatte in battaglia i miscredenti è *shahīd*, anche se è ucciso in terra islamica quando il nemico attacca i musulmani, pur non avendo combattuto in quanto inconsapevole o addormentato, e anche se è ucciso da un musulmano che lo scambia per un miscredente, o travolto da un cavallo, o ucciso per disgrazia dalla sua stessa spada o freccia, o se cade in un pozzo o in un precipizio durante la battaglia» (Dardīr, *Al-Sharh al-Kabīr*, 1/425).

• Secondo gli shāfi'iti:

«Chi è ucciso mentre combatte i miscredenti, combattendo a viso aperto senza ritirarsi, per innalzare la Parola di Allāh [...] e non per motivi puramente umani» (*Mughnī al-Muhtāj*, 1/350; e cfr. *Fath al-Bārī'*, 6/129).

• Secondo gli hanbaliti:

«Chi muore in battaglia contro i miscredenti, che si tratti di uomo o donna, di adulto o non adulto, ucciso dai miscredenti o per errore dalla sua stessa arma, o se cade da cavallo, o se è ritrovato morto anche senza segni di ferite, purché sia sincero» (*Kash shāf al-Qinā'*, 2/113; cfr. pure *Al-Mughnī*, 2/206).

Da quanto precede emerge che la maggioranza – con l'eccezione degli hanafiti – non considera l'identità dell'uccisore un fattore determinante per attribuire alla vittima il titolo di *shahīd*. La conclusione della maggioranza si basa su:

1) un *hadīth* riferito da Bukhārī (4196) nel quale 'Āmir, mentre cerca di uccidere un nemico durante la battaglia di Khaybar, per un incidente uccide se stesso. Qualcuno ritiene che abbia così vanificato le sue opere buone, ma il Profeta commenta: «Chi dice questo mente o si inganna. In realtà ha le sue due ricompense – e mostra due delle sue dita –: è un combattente ed è un martire»;

2) un *hadīth* riferito da Abū Dāwud (2539) su un combattente che si uccide per errore con la sua stessa spada. La gente
domanda: «È uno *shahīd*?», e il Profeta risponde: «Sì, e glie-
ne rendo testimonianza».

Alcuni possono esitare sulla liceità delle operazioni di
martirio perché il combattente uccide se stesso. Per chiarire
questa confusione, dobbiamo ricordare che la *sharī'a* spesso
raggiunge conclusioni diverse su due azioni che esterna-
mente sembrano uguali, ma differiscono per l'intenzione.
Esempi:
– sposare una donna ripudiata è permesso, ma farlo con la
sola intenzione di permettere al suo primo marito di rispo-
sarla in seguito [il che non gli sarebbe lecito se la donna non
fosse passata da un altro matrimonio] è proibito;
– ripagare un prestito restituendo più di quanto è stato pre-
stato è permesso, ma non se questo era stato previsto da un
contratto, perché in tal caso si tratta di usura;
– chi va al *jihād* per innalzare la parola di Allāh è un combattente, ma chi combatte per vantarsi delle sue capacità
umane è tra i primi ad andare all'Inferno;
– colpirsi in via accidentale con la propria arma permette
(secondo la maggioranza) di diventare *shahīd*, ma uccidersi
deliberatamente per sfuggire al dolore delle ferite rende
meritevoli dell'Inferno.

Tutti questi esempi si basano sul *hadīth* secondo cui «in
verità le azioni si giudicano secondo le intenzioni»; essi
sostengono chiaramente la conclusione secondo cui il giudizio sullo *shahīd* non è diverso secondo l'identità dell'uccisore, purché l'intenzione sia pura. Così, uno che ha una cattiva
intenzione ed è ucciso dal nemico merita il Fuoco Eterno, e lo
stesso vale per chi si suicida per sfuggire al dolore. Ma chi ha
un'intenzione sincera andrà in Paradiso, sia che sia ucciso

dal nemico, sia che si uccida per errore. E chi collabora alla sua uccisione per il bene della religione andrà in Paradiso, come – per volontà di Allāh – il ragazzo della storia del re.

Definizione di suicidio

«Suicidio» si riferisce qui all'uccidere se stessi a causa di rabbia, dolore o altri motivi umani. Gli studiosi sono unanimi nel concludere che è vietato ed è un peccato grave che rende il colpevole meritevole dell'Inferno – eternamente, se pretende di considerare l'atto legittimo, o per un tempo determinato, se non pretende di considerarlo legittimo e muore da buon musulmano. «O voi che credete [...] non uccidetevi da voi stessi. Allāh è misericordioso verso di voi. Chi commette questi peccati iniquamente e senza ragione sarà gettato nel Fuoco; ciò è facile per Allāh» (Corano, IV, 29-30; cfr. al-Qurtubī, *Tafsīr*, 5/156).

«Tra i vostri c'era un uomo ferito, che soffriva molto, così prese un coltello e si tagliò i polsi in modo da morire dissanguato. Allāh disse: "Il mio servo ha affrettato la fine della sua vita, e io gli ho chiuso le porte del Paradiso"» (riferito da Bukhārī e Muslim).

«Chi si impicca si impiccherà in eterno nel Fuoco, e chi si pugnala si pugnalerà in eterno nel Fuoco» (riferito da Bukhārī e Muslim).

I *hadīth* autentici su questo tema sono molti. In effetti, ci è stato comandato di non desiderare neppure la morte.

«Che nessuno di voi desideri la morte a causa della sfortuna che lo ha colpito. Piuttosto preghi: "O Allāh! Mantienimi in vita finché vivere è meglio per me, e fammi morire quando la morte è migliore per me"» (riferito da Bukhārī e Muslim).

Tutti questi testi che proibiscono il suicidio si riferiscono a chi uccide se stesso per motivi terreni come il dolore, l'angoscia e la mancanza di sopportazione; certamente non a chi desidera innalzare la Parola di Allāh. Abbiamo già citato le prove che permettono a un combattente di lanciarsi da solo senza armatura tra i ranghi nemici, e queste esonerano il combattente dalla portata generale dei testi sul suicidio.

Possiamo dire che chi uccide se stesso per innalzare la Parola di Allāh, per infliggere perdite al nemico, per spaventarlo, e con una sincera intenzione, sta commettendo suicidio? Questa è una grave calunnia. Affermiamo che la proibizione del suicidio deriva dall'intenzione riscontrata nella debolezza o dalla mancanza di fede, mentre il combattente in un'operazione di martirio uccide se stesso proprio a causa della forza della sua fede. Il ragazzo nell'episodio dei fossati riferito nella sura *al-Burūj*, in effetti, «uccide se stesso» per questa ragione, e il suo gesto è giudicato degno di lode. Così il Profeta si augurò di morire sul sentiero di Allāh non una volta sola ma tre, e questo era legittimo perché il desiderio non derivava da un danno o una sfortuna che gli fosse capitata, ma dalla sua forte fede. Così, quando diventa chiara la ragione per cui il suicidio è proibito, si arriva alla conclusione che le operazioni di martirio sono permesse e lodevoli quando sono compiute perché ne derivi un beneficio religioso.

Riassunto

Siamo arrivati alla conclusione che le operazioni di martirio sono permesse e che anzi il combattente che è ucciso in queste operazioni è migliore di chi è ucciso in combattimento regolare, perché c'è una gerarchia anche tra i martiri che corrisponde al loro ruolo, allo sforzo nell'azione e ai rischi incorsi. Abbiamo spiegato come le operazioni di martirio sono gli atti di guerra meno costosi per i combattenti musulmani e più dannosi per il nemico. Abbiamo sentito dire – e dovreste averlo sentito dire anche voi – che la maggioranza degli studiosi più autorevoli oggi permette queste operazioni; conosciamo almeno trenta *fatāwā* che vanno in questa direzione. Abbiamo spiegato il rapporto fra questa questione e quella di chi si lancia da solo contro forze nemiche preponderanti: un gesto considerato lodevole dai giuristi. Abbiamo anche spiegato che preferiamo l'opinione secondo cui questa azione è permessa anche se il martirio ne è l'unico scopo, benché non si tratti della migliore azione possibile. Le operazioni di martirio non devono essere intraprese a meno che si verifichino le circostanze seguenti:

1) L'intenzione deve essere sincera e pura: innalzare la Parola di Allāh.

2) Si deve essere ragionevolmente sicuri che l'effetto desiderato non potrebbe essere ottenuto con altri mezzi che garantiscano la preservazione della vita del combattente.

3) Si deve essere ragionevolmente sicuri di ottenere uno di questi risultati: infliggere serie perdite al nemico, terrorizzarlo, rafforzare il coraggio dei musulmani.

4) È necessario consultarsi con esperti di strategia militare, e particolarmente con chi dirige quella specifica campagna, per essere sicuri di non turbare i suoi piani e di non fornire involontariamente informazioni al nemico sulla presenza di forze musulmane nella zona.

Se manca la prima condizione, l'atto è privo di valore. Se la prima condizione è soddisfatta e le altre mancano, l'atto non è ottimale, ma non si può immediatamente concludere che il combattente non sia uno *shahīd*.

Abbiamo anche spiegato come causare la morte di qualcuno equivale a ucciderlo personalmente. Così chi si lancia senza armatura fra le fila nemiche, certo della morte, è nella stessa situazione di chi compie un'operazione di martirio, causando direttamente la propria morte. Entrambi sono degni di lode sulla base delle circostanze e dell'intenzione, ed entrambi non sono colpevoli del peccato di suicidio. Abbiamo anche chiarito che, secondo la maggioranza degli studiosi, l'identità dell'uccisore non ha effetto sull'attribuzione al combattente del titolo di *shahīd*. Questo dovrebbe dissipare la confusione che nasce dal fatto che nel nostro caso è il combattente a togliersi la vita. Pertanto, a queste operazioni si può applicare ciascuno dei cinque giudizi della *sharī'a* a seconda delle intenzioni e delle circostanze. Infine, dobbiamo chiarire che togliersi la vita non è sempre biasimevole; tutto dipende dai motivi. Concludiamo che chi uccide se stesso a causa della sua solida fede e per amore di Allāh e del Profeta, e nell'interesse della religione, è degno di lode.

Conclusione

Infine, sottolineiamo pure che questo argomento abbisogna di uno studio più approfondito. Per il momento, siamo grati ad Allāh per averci permesso di completare questo lavoro. Se abbiamo ragione, è merito di Allāh; se abbiamo sbagliato, ricordiamo che tutti gli uomini sono inclini all'errore. Infine, invitiamo gli studiosi e i cercatori di conoscenza a prendere contatto con noi per manifestarci le loro reazioni a questo testo e il loro consiglio, perché abbiamo bisogno di questo aiuto. Che essi si assumano questa responsabilità verso di noi nel timore di Allāh.

E pace e benedizione siano sul Messaggero di Allāh, che ha militato con giustizia sul Sentiero di Allāh fino a quando ha lasciato questo mondo, sulla sua famiglia, sui suoi Compagni, e su coloro che li seguono sulla via del bene fino al Giorno del Giudizio.

E la nostra parola finale è che sia lode ad Allāh, Signore dei Mondi.

Riferimenti bibliografici

ANTHONY Dick 1996: *Brainwashing and Totalitarian Influence. An Exploration of Admissibility Criteria for Testimony in Brainwashing Trials*, tesi di dottorato, Graduate Theological Union, Berkeley (California).

ANTHONY Dick, ROBBINS Thomas 1992: *Law, Social Science and the «Brainwashing» Exception to the First Amendment*, «Behavioral Sciences and the Law», vol. 10, pp. 5-29.

ARMSTRONG Karen 2001: *The Battle for God*, Ballantine Books, New York.

AZZI Corry, EHRENBERG Ronald 1975: *Household Allocation of Time and Church Attendance*, «Journal of Political Economy», vol. 84, pp. 27-56.

BAINBRIDGE William Sims 1978: *Satan's Power. A Deviant Psychotherapy Cult*, University of California Press, Berkeley [trad. it. *Setta satanica: un culto psicoterapeutico deviante*, SugarCo, Milano 1992].

BARKER Eileen 1984: *The Making of A Moonie. Choice or Brainwashing?*, Basil Blackwell, Oxford.

BARRETT Paul M. 2003: *Student Journeys Into Secret Circle Of Extremism: Muslim Movement Founded in Egypt Sent Tentacles to University in Knoxville*, «The Wall Street Journal», 23 dicembre 2003.

BECKER Gary S. 1971: *The Economics of Discrimination*, University of Chicago Press, Chicago.

BECKER Gary 1975: *Human Capital. A Theoretical and Empirical*

Analysis, Columbia University Press - The National Bureau of Economic Research, New York.

BECKER Gary S., LANDES William M. (a cura di) 1974: *Essays in the Economics of Crime and Punishment*, Columbia University Press - The National Bureau of Economic Research, New York.

BERMAN Eli 2003: «Hamas, Taliban and the Jewish Underground: An Economist's View of Radical Religious Militias», disponibile sul sito Internet del professor Eli Berman all'indirizzo http://econ.ucsd.edu/~elberman/tamir.pdf.

BERREBI Claude 2003: *Evidence About the Link Between Education, Poverty and Terrorism Among Palestinians*, Princeton University Industrial Relations Sections Working Paper n. 477 (settembre 2003), pp. 1-65.

BROMLEY David G. 1988: *Falling From the Faith. Causes and Consequences of Religious Apostatsy*, Sage Publications, London.

BROMLEY David G. (a cura di) 1991: *Religion and the Social Order. Volume 1: New Directions in the Study of Religion*, JAI Press, Greenwich (Connecticut).

BROMLEY David G., HAMMOND Phillip E. 1987: *The Future of New Religious Movements*, Mercer University Press, Macon (Georgia).

BROMLEY David G., RICHARDSON, James T. 1983: *The Brainwashing/Deprogramming Controversy. Sociological, Psychological, Legal, and Historical Perspectives*, The Edwin Mellen Press, New York - Toronto.

BROOKS David 2002: *The Culture of Martyrdom*, «The Atlantic Monthly», vol. 289, n. 6 (giugno 2002), pp. 18-20.

BURGAT François 2003: *Veils and Obscuring Lenses*, in Esposito, Burgat (a cura di) 2003, pp. 17-41.

CESNUR (Centro Studi sulle Nuove Religioni) 2004: «Un appello contro la legge italiana sulla manipolazione mentale», pubblicato sul sito Internet del CESNUR all'indirizzo http://www.cesnur.org/2004/manip_lettera.htm.

COLEMAN James S. 1988: *Social Capital in the Creation of Human Capital*, «American Journal of Sociology», vol. 94, pp. 95-120.

COOK David 2002: *Suicide Attacks or «Martyrdom Operations» in Contemporary «Jihād» Literature*, «Nova Religio: The Journal of Alternative and Emergent Religions», vol. 6, n. 1 (ottobre 2002), pp. 7-44.

Cox Harvey Gallagher 1966: *The Secular City. Secularization and Urbanization in Theological Perspective*, Macmillan, New York [trad. it. *La città secolare*, Vallecchi, Firenze 1968].

CRONIN Audrey Kurth 2003: «Terrorists and Suicide Attacks», CRS [Congressional Research Service] Report for Congress, 28 agosto 2003, disponibile all'indirizzo Internet http://www.fas.org/irp/crs/RL32058.pdf.

DAVIE Grace 2002: *Europe: The Exceptional Case. Parameters of Faith in the Modern World*, Darton, Longman and Todd, London.

ESPOSITO John L., BURGAT François (a cura di) 2003: *Modernizing Islam. Religion in the Public Sphere in the Middle East and Europe*, Rutgers University Press, New Brunswick (New Jersey).

FASSIHI Farnaz 2003: *Two Novice Gumshoes Charted the Capture of Saddam Hussein*, «The Wall Street Journal», 19 dicembre 2003.

FORD Peter 2001: *Why Do They Hate Us?*, «Christian Science Monitor», 27 settembre 2001.

GREIL Arthur L., RUDY David A. 1984: *What Have We Learned from Process Models of Conversion? An Examination of Ten Studies*, «Sociological Analysis», vol. 17, pp. 306-323.

HAMERMESH Daniel S., SOSS Neal M. 1974: *An Economic Theory of Suicide*, «The Journal of Political Economy», vol. 82, pp. 83-98.

HASSAN Nasra 2001: *An Arsenal of Believers*, «The New Yorker», 10 novembre 2001, pp. 36-41.

HEIRICH Max 1977: *Change of Heart: A Test of Some Widely Held Theories About Religious Conversion*, «American Journal of Sociology», vol. 85, pp. 653-680.

HOFFMAN Bruce 2003: *The Logic of Suicide Terrorism*, «The Atlantic Monthly», vol. 291, n. 5 (giugno 2003), pp. 40-47.

HSING-KUANG Chao 1998: *Mobilizing to Grow: The Persistence and Transformation of the Evangelican Formosan Church of Los Angeles*, tesi di dottorato, Indiana - Purdue University, Indianapolis.

IANNACCONE Laurence R. 1992: *Sacrifice and Stigma: Reducing Free-Riding in Cults, Communes, and Other Collectives*, «Journal of Political Economy», vol. 100 (2/1992), pp. 271-292.

IANNACCONE Laurence R. 1994: *Why Strict Churches are Strong*, «American Journal of Sociology», vol. 99 (5/1994), pp. 1180-1211.

IANNACCONE Laurence R. 1997: *Toward an Economic Theory of «Fundamentalism»*, «Journal of Institutional and Theoretical Economics», vol. 153, pp. 100-116.

IANNACCONE Laurence R. 1999: *Religious Extremism: Origins and Consequences*, «Contemporary Jewry», vol. 20, pp. 8-29.

IANNACCONE Laurence R., OLSON Daniel V. A., STARK Rodney 1995: *Religious Resources and Church Growth*, «Social Forces», vol. 75, n. 2 (dicembre 1995), pp. 705-731.

Il fronte marocchino 2004: «Il Foglio», 5 aprile 2004.

INTROVIGNE Massimo 1996: *Il sacro postmoderno. Chiesa, relativismo e nuova religiosità*, Gribaudi, Milano.

INTROVIGNE Massimo 1997a: *Heaven's Gate. Il paradiso non può attendere*, Elledici, Leumann (Torino).

INTROVIGNE Massimo 1997b: *La Chiesa dell'Unificazione del reverendo Moon*, Elledici, Leumann (Torino).

INTROVIGNE Massimo 2001: *Osama bin Laden. Apocalisse sull'Occidente*, Elledici, Leumann (Torino).

INTROVIGNE Massimo 2002a: *Il lavaggio del cervello: realtà o mito?*, Elledici, Leumann (Torino).

INTROVIGNE Massimo 2002b: *«There is no Place for Us to Go but Up»: New Religious Movements and Violence*, «Social Compass», vol. 49, n. 2 (giugno 2002), pp. 213-224.

INTROVIGNE Massimo 2003: *Hamas. Fondamentalismo Islamico e terrorismo suicida in Palestina*, Elledici, Leumann (Torino).

INTROVIGNE Massimo 2004: *Fondamentalismi. I diversi volti dell'estremismo religioso*, Piemme, Casale Monferrato (Alessandria).

JUERGENSMEYER Mark 2001: *Terror in the Mind of God. The Global Rise of Religious Violence*, University of California Press, Berkeley - Los Angeles - London [trad. it. *Terroristi in nome di Dio: la violenza religiosa nel mondo*, Laterza, Roma 2003].

KHOSROKHAVAR Farhad 2002: *Les nouveaux Martyrs d'Allāh*, Flammarion, Paris [trad. it. *I nuovi martiri di Allah*, Bruno Mondadori, Milano 2003].

KOX,Wim, MEEUS Wim, 'T HART Harm 1991: *Religious Conversion of Adolescents: Testing the Lofland and Stark Model of Religious Conversion*, «Sociological Analysis», vol. 52, pp. 227-241.

KRAMER Martin 1991: *Sacrifice and «Self-Martyrdom» in Shi'ite Lebanon*, «Terrorism and Political Violence», vol. 3, pp. 30-47.

KRUEGER Alan B., MALECKOVA Jitka 2003: *Education, Poverty and Terrorism: Is There a Causal Connection?*, «Journal of Economic Perspectives», vol. 17, n. 4 (autunno 2003), pp. 119-144.

LOFLAND John 1977: *«Becoming a World-Saver» Revisited*, «American Behavioral Scientist», vol. 20, pp. 805-819.

LOFLAND John, STARK Rodney 1965: *Becoming a World-Saver: A Theory of Conversion to a Deviant Perspective*, «American Sociological Review», vol. 30, pp. 862-875.

LOFTUS Elizabeth, KETCHAM Katherine 1991: *Witness for the Defense. The Accused, the Eyewitness, and the Expert who Puts Memory on Trial*, St. Martin's Press, New York.

LOFTUS Elizabeth, KETCHAM Katherine 1994: *The Myth of Repressed Memory*, St. Martin's Press, New York.

LUCAS Phillip Charles, ROBBINS Thomas (a cura di) 2004: *New Religious Movements in the Twenty-First Century. Legal, Political and Social Changes in Global Perspective*, Routledge, New York - London.

MELTON J. Gordon 1986: *The Encyclopedic Handbook of Cults in America*, Garland, New York - London.

MELTON J. Gordon 2003[7]: *The Encyclopedia of American Religions*, Gale, Detroit.

MOADDEL Monsoor 2003: *Public Opinion in Islamic Countries: Survey Results*, «Footnotes», n. 31 (gennaio 2003), disponinile via Internet all'indirizzo http://www.asanet.org/footnotes/jan03/indexthree.html.

MURCHLAND Bernard (a cura di) 1967: *The Meaning of the Death of God. Protestant, Jewish and Catholic Scholars Explore Atheistic Theology*, Random House, New York.

OLSON Mancur 1962: *The Economics of Target Selection for the Combined Bomber Offensive*, «The Royal United Service Institution Journal», vol. 107, pp. 308-314.

OLSON Mancur 1965: *The Logic of Collective Action*, Harvard University Press, Cambridge (Massachusetts).

PAPE Robert A. 2003: *The Strategic Logic of Suicide Terrorism*, «American Political Science Review», vol. 97, pp. 343-361.

PUTNAM Robert D. 1995: *Bowling Alone: America's Declining Social Capital*, «Journal of Democracy», vol. 6, pp. 65-78.

PUTNAM Robert D. 2000: *Bowling Alone. The Collapse and Revival of American Community*, Simon & Schuster, New York.

RADU Michael 2003: *Radical Islam and Suicide Bombers*, «E-Notes» [Foreign Policy Research Institute, Philadelphia], 21 ottobre 2003, disponibile via Internet all'indirizzo http://www.fpri.org/enotes/20031021.americawar.radu.islamsuicidebombers.html.

RICHARDSON James T. 1985: *The Active vs. Passive Convert: Paradigm Conflict in Conversion/Recruitment Research*, «Journal for the Scientific Study of Religion», vol. 24, pp. 163-179.

RICHARDSON James T. 1991: *Cult/Brainwashing Cases and Freedom of Religion*, «Journal of Church and State», vol. 33, pp. 55-74.

RICHARDSON James T., BEST Joel, BROMLEY David G. (a cura di) 1991: *The Satanism Scare*, Aldine de Gruyter, New York.

ROBBINS Thomas 1985: *New Religious Movements, Brainwashing, and Deprogramming - The View from the Law Journals: A Review Essay and Survey*, «Religious Studies Review», vol. 11, pp. 361-370.

ROBBINS Thomas 1988: *Cults, Converts and Charisma. The Sociology of New Religious Movements*, Sage, London.

SEDGWICK Mark 2004: *Establishments and Sects in the Islamic World*, in Lucas e Robbins 2004, pp. 283-312.

SMITH Adam 1759: *The Theory of Moral Sentiments*, A. Millar, London - J. Kincaid & J. Bell, Edinburgh.

STARK Rodney (a cura di) 1985: *Religious Movements. Genesis, Exodus, and Numbers*, Paragon House, New York.

STARK Rodney 1991: *Normal Revelations: A Rational Model of «Mystical» Experiences*, In Bromley 1991, pp. 239-252.

STARK Rodney 1996: *The Rise of Christianity. A Sociologist Reconsiders History*, Princeton University Press, Princeton (New Jersey).

STARK Rodney 2004: *Exploring the Religious Life*, The Johns Hopkins University Press, Baltimora.

STARK Rodney, BAINBRIDGE William Sims 1979: *Cult Formation: The Compatible Models*, «Sociological Analysis», vol. 40, pp. 283-295.

STARK Rodney, BAINBRIDGE William Sims 1985: *The Future of Religion. Secularization, Revival, and Cult Formation*, University of California

Press, Berkeley - Los Angeles - London.

STARK Rodney, FINKE Roger 2000: *Acts of Faith. Explaining the Human Side of Religion*, University of California Press, Berkeley - Los Angeles - London.

STARK Rodney, INTROVIGNE Massimo 2003: *Dio è tornato. Indagine sulla rivincita della religione in Occidente*, Piemme, Casale Monferrato (Alessandria).

TWAIN Mark 1872: *Roughing It*, The American Publishing Company, Hartford (Connecticut).

WILLIAMSON Oliver E. 1975: *Markets and Hierarchies. Analysis and Antitrust Implications*, The Free Press, New York.

WINTROBE Ronald 2002: *The Demand for Terrorism*, relazione presentata al convegno «The Economic Consequences of Global Terrorism» organizzato dal Deutsches Institut für Wirtschaftsforschung, Berlin, 14-15 giugno 2002.

WINTROBE Ronald 2003: «Can Suicide Bombers be Rational?», documento di lavoro disponibile all'indirizzo Internet http://cas.uchicago.edu/workshops/cpolit/papers/suicide.pdf.

WINTROBE Ronald 2004: *Economics of Extremism: Rational Extremism and Terrorism*, testo di conferenza tenuta presso il Dipartimento di Economia, Università di Torino, 25 marzo 2004.

WRIGHT Stuart A. 1987: *Leaving Cults. The Dynamics of Defection*, Society for the Scientific Study of Religion, Washington D.C.

WRIGHT Stuart A. (a cura di) 1995: *Armageddon in Waco. Critical Perspectives on the Branch Davidian Conflict*, University of Chicago Press, Chicago.

Indice

I Draghi

André Glucksmann, *Occidente contro Occidente*
Robert Cooper, *La fine delle nazioni. Ordine e caos nel XXI secolo*
Chahdortt Djavann, *Giù i veli!*
Gianni Baget Bozzo, *L'Impero d'Occidente. La storia ritorna*
David Frum, Richard Perle, *Estirpare il male. Come vincere la guerra contro il terrore*
Jacques Testart, Christian Godin, *La vita in vendita. Biologia, medicina, bioetica e il potere del mercato*
Jean-François Revel, *L'ossessione antiamericana*
Alberto Indelicato, *Berlino 1987-1990. Memorie da uno stato fantasma*
Giorgio Galli, *La magia e il potere. L'esoterismo nella politica occidentale*

Finito di stampare
nel mese di agosto 2004
presso Aquattro servizi grafici
per conto di Lindau - Torino